Ostseeküste Schleswig-Holstein

Thomas Eckert

Reisen mit Erlebnis-Garantie

MERIAN-TopTen
Was Sie unbedingt sehen sollten

MERIAN-Tipps
Persönliche Empfehlungen
unserer Autoren

MERIAN-Bewertung
Übernachten, Einkaufen,
Essen und Trinken mit Flair

Für Familien
Für Eltern mit Kindern besonders
geeignet

Der Autor:

Thomas Eckert, Jahrgang 1956, ist gebürtiger Schleswiger. Aufgewachsen ist er in Flensburg. Heute lebt er als freier Autor in Hamburg. Überarbeitet wurde diese Auflage von **Wilhelm Hüls,** freier Reisejournalist mit Schwerpunkt Norddeutschland.

Ernst Barlachs »Bettler« vor dem Dom in Ratzeburg ist unbestritten eines der ausdrucksstärksten Werke des Bildhauers und Dramatikers (→ S. 78).

Das raue Element sucht man an der Ostseeküste von Schleswig-Holstein vergebens: Die Ostsee ist ein mildes Meer – und die Landschaft ein sanft geschwungenes Idyll.

Das Plöner Schloss aus dem 17. Jahrhundert beherbergt heute ein Internat und kann von innen deshalb nicht besichtigt werden (→ S. 62).

Schleswig-Holstein wird von seinen Küsten geprägt. Das Meer nimmt das Landstück, an seiner schmalsten Stelle keine 30 Kilometer breit, in die Zange und hinterlässt seine Spuren im Sand. Die Nordsee, der Blanke Hans, wie ihn der Dichter **Detlev von Liliencron** sah, hat sich im Laufe der Jahrtausende mit Gewalt genommen, was sie haben wollte – und der Mensch war machtlos. Die Ostsee dagegen hat sich immer eine gewisse jungfräuliche Unschuld bewahrt. Vielleicht konnte deshalb der dänische Dichter **Hans Christian Andersen** von der Ostseeinsel Fünen seine einfühlsamen Märchen schreiben, während **Theodor Storm** den rauen Schimmelreiter den Elementen entgegen stellte (ein ungleicher Kampf, den natürlich das Meer für sich entschied). Keine wilden Wellen stoßen sich im Osten an einsamen Gestaden, Deiche wurden nur gebaut, um die Flüsse daran zu hindern, das Land zu überschwemmen, und Sturmfluten sind an den Küsten der Ostsee unbekannt. Dass sich die Natur trotzdem dann und wann gegen das phlegmatische Idyll verwahrt und zeigt, was in ihr steckt, lässt sich an den Steilküsten ablesen, die im Osten Schleswig-Holsteins von der Mini-Steilküste von Holnis in der Flensburger Förde bis zum Brodener Ufer bei Travemünde manchmal bis zu 20 Meter tief abfallen. Vor allem in den Wintermonaten nagen die Ostseewellen am schönen Ostseestrand, und dann und wann erreicht die Brandung die Küste und reißt ein Stückchen Weide in die Tiefe. Aber trotz allem: Die Ostküste Schleswig-Holsteins ist kein raues Land, das belegt die Siedlungsgeschichte. Als sich im Westen die Menschen noch verzweifelt gegen die anbrandende See mit ihrer ungeheuren zerstörerischen Energie zu wehren versuchten, war im Osten langsam, aber unaufhaltsam eine Adelskultur dabei, aus dem Land eine blühende Kulturlandschaft zu machen. Im Westen deichten die Friesen. Im Osten siedelten die Wenden und bauten ihre ersten Burgen. Und auch die Christianisierung der Heiden begann im Osten, ein Ereignis, von dem noch immer die zahlreich erhalten gebliebenen Feldsteinkirchen zeugen.

Vor allem im 17. und im 18. Jahrhundert, als die **schleswig-holsteinischen Herzöge** noch in Gottorf bei Schleswig residierten und das Schloss zu einem Zentrum der europäischen Kultur aus-

Grafenland und Herrenhaus

bauten, blühte das Land auf. Von dem Barockgarten, der sich einst hinter dem Schloss terrassenförmig in die Landschaft geschoben hatte und der in Nordeuropa damals seinesgleichen suchte, sind heute leider nur noch ein paar versprengte Reste erhalten. In Ostholstein, diesem Wald-, Seen- und Wiesenlandstrich zwischen Lübeck im Süden und Kiel im Norden, erlebte die Kultur eine so genannte Gründerzeit, wie sie das Land eigentlich bis heute nicht mehr gesehen hat. In Ostholstein, dem Grafenland, entstanden im

17. und 18. Jahrhundert an die hundert Guts- und Herrenhäuser, von denen die meisten erhalten geblieben sind. Allerdings trübt das Vergnügen ein Wermutstropfen: Weil sich die meisten Herrenhäuser in Privatbesitz befinden, ist dem Publikum oft der Zutritt verwehrt. Wer sich also für die Adelskultur interessiert, die zum Beispiel mit dem **Emkendorfer Kreis** um die Gräfin Reventlow auf Gut Emkendorf bei Rendsburg einen literarischen Zirkel hervorgebracht hat, der zu den bedeutendsten im Deutschland dieser Jahre zählte, wird sich höflich vor seinem Besuch anmelden müssen. Der Geldadel lässt sich wie eh und je nicht gerne in die Karten und schon gar nicht auf seine schönen Rokoko- oder Empire-Möbel schauen. Einem Mann wie Justus Frantz ist zu verdanken, dass jedenfalls im Sommer ein paar Güter das Volk einlassen. Immer dann, wenn beim **Schleswig-Holstein Musik Festival**, das sich einen internationalen Ruf erspielt hat, die Flötentöne geblasen werden, öffnen sich die Gutstore, und alles vergnügt sich in ehemaligen Scheunen und ausgebauten Ställen.

Der Osten Schleswig-Holsteins, das war schon immer so, ist im Vergleich zum armen Vetter an der Westküste reich und konnte sich die Kultur leisten. Aber selbstverständlich haben auch die natürlichen Gegebenheiten eine Rolle gespielt. **Haithabu**, die sagenhafte Wikingersiedlung bei Schleswig, existierte ja nicht von ungefähr an der vor Stürmen geschützten Schlei. Flensburg, Schleswig, Eckernförde, Kiel, Lübeck, alle diese Städte verdanken ihre Gründung der ruhigen – und damit gefahrlos schiffbaren – Ostsee. Das Gleiche gilt für die **Hanse**, den bedeutendsten Wirtschaftsbund des Mittelalters. Die Ostküste wird von den Städten der Hanse geprägt. Zwischen ihnen dehnt sich das flache Land, das mit einigen Hügeln aufwarten kann. Die Fröruper Berge bei Flensburg, die Hüttener Berge bei Eckernförde und die sanft geschwungene Landschaft der **Holsteinischen Schweiz**, das alles ist späte Hinterlassenschaft der letzten Eiszeit und hat seinen ganz besonderen Reiz. Von wegen »plattes Land«, in Ostholstein geht es mächtig zu Berge und ein-

Feste, feucht und fröhlich

mal sogar in die dann »gewaltige« Höhe von 166 Metern: Der Bungsberg ist die höchste Erhebung des ganzen Landes.

Natur ohne Kultur, das ist an der Ostseeküste nicht vorstellbar. Die meisten Städte sind älter als siebenhundert Jahre, Lübeck feierte sogar seinen 850. Geburtstag. Auch sonst finden im kühlen Norden über das Jahr hin viele Feste statt. In den letzten Jahren hat man sich in den Stadtkämmererstuben und bei den Behörden im Land einige Gedanken gemacht und an alte Traditionen angeknüpft. In Flensburg, der Rum-Stadt, die vor 200 Jahren noch über 200 Segler unter Wind hatte und damit die größte Handelsflotte des dänischen Reiches stellte, geht in jedem Jahr die **Rum-Regatta** über die Förde. Schleswig feiert, wie könnte es anders sein, Wikingerspiele. Kiel verwandelt sich jedes Jahr zur **Kieler Woche** in eine lebenslustige Weltstadt. Und Lübeck darf für sich in Anspruch nehmen, mit dem alle zwei Jahre veranstalteten Altstadtfest das größte Gelage des Landes auszurichten.

Vergessen wir hier nicht die Museen. Lange Jahre dämmerten die rund hundert Museen Schleswig-Holsteins vor sich hin. Dann startete das Landesmuseum in **Gottorf** als federführende Institution zusammen mit der Kieler Landesregierung eine Kulturoffensive, die aus den hässlichen Entlein stolze Schwäne machte. Jetzt verfügt das Land über eine Reihe moderner Museen, die nicht mehr nur

Museumslandschaft Schleswig

von den obligaten Schulklassen besucht werden. Die drücken sich natürlich auch heute noch vor der berühmten Schleswiger Moorleiche die Nase platt. Das bedeutendste Museum in Schleswig-Holstein ist das Landesmuseum in Gottorf mit seinen Dependancen in **Haithabu** und **Cismar** an der Lübecker Bucht, aber einen Besuch lohnen auch das noch junge **Schifffahrtsmuseum** in Flensburg, die **Kieler Kunsthalle** mit ihrem Neubau und in Lübeck das **Thomas-Mann-Haus.**

Aber was ist Kunst ohne Brot, oder anders gefragt, wovon lebt eigentlich eine Region, von der es noch vor nicht allzu langer Zeit hieß, sie sei das Armenhaus Deutschlands (noch vor der Wende 1989)?

Schleswig-Holstein ist ein modernes Industrieland, das den großen Vorteil hat, ohne Schwerindustrie auszukommen. Die **Landwirtschaft** bestimmt zwar das Gesicht der Landschaft, aber sie spielt schon lange nicht mehr die Hauptrolle. Dienstleistungen

Wirtschaft heute

im Allgemeinen und der Tourismus im Besonderen, davon lebt das Land und insbesondere die Ostseeküste, die zentrale Ferienregion Schleswig-Holsteins. Der Fisch, der eigentlich so etwas wie das Maskottchen des Landes sein müsste und in allen Variationen auf den Tisch kommt, wird in der Hauptsache nicht mehr von einheimischen Fischern gefangen. Die **Seefahrt** und besonders die Fischerei an der Küste ernährt nur noch ein paar Fischer in Schleswig, Kappeln, Eckernförde, Kiel und Lübeck. Ansonsten werden die Bootsmotoren nur noch für Angelpartien angeworfen. Selbst die Kieler Traditionswerft HDW (Kieler Howaldts Werft), auf der zu Kaisers Zeiten die dicksten Pötte vom Stapel liefen, muss sich mit U-Booten für Chile herumärgern. Aber es gibt sie immer noch, die kleinen Räuchereien, in denen der Fisch frisch aus dem Rauchfang zu haben ist,

Oben: Neben dem Fischfang spielt auch die Landwirtschaft eine wichtige Rolle.

Mitte: In einer bilderbuchbunten Sommerlandschaft erhebt sich über einem leuchtendgelben Raps-meer der Leuchtturm von Fehmarn (→ S. 84).

Unten: Die frühere »Reeperbahn« von Flensburg, der Oluf-Samson-Gang, ist heute auch für »normale« Touristen ein Anziehungspunkt (→ S. 24).

und wenn irgendwo Kutterscholle auf der Speisekarte steht, ist das nicht zu verachten. Trotz aller Tendenz der Städte, sich auszubreiten, hat der Osten Schleswig-Holsteins bis heute sein Gesicht bewahren können. Aber: Lübeck wächst seit der Wiedervereinigung noch ungebremster ins Umland, dasselbe gilt für Kiel, das seine städtischen Krakenarme ins Land ausstreckt. Je weiter man in den Norden kommt, desto ruhiger wird es. Schleswig und Flensburg sind nicht unbedingt Boomtowns, die Bevölkerungsdichte nimmt deutlich ab, der Erholungswert dagegen ständig zu. Der Norden im Osten war lange Jahre Entwicklungsland, und nachdem jetzt auch noch die Bundeswehr ihre Kasernen an Förde und Schlei zu einem Großteil geräumt hat, wird es noch ruhiger. Das werden die Bürgermeister der Region wahrscheinlich gar nicht gerne hören, für den Urlauber allerdings bedeutet dies Natur und Kultur pur.

Vom Norden in den Süden, zur Holsteinischen Schweiz. Der Landstrich verdankt seinen Na-

men einem Hotelier, der um die Jahrhundertwende in Anzeigen für sein Hotel gleichen Namens warb. Seitdem hat die Holsteinische Schweiz ihren Namen weg, der Fremde immer noch irritieren kann. Wo sind denn die Berge, wo die Täler, wird der Einheimische immer wieder gefragt. Berge, wird

Von Trollen und Geistern

die Antwort sein, brauchen und wollen wir nicht. Wir haben unsere Seen. Gemeint sind die mehr als 20 Seen der Holsteinischen Seenplatte, die der Landschaft um Eutin so viel Charme verleihen. Arkadien des Nordens hat der Maler **Johann Tischbein d. Ä.** diesen Landstrich genannt. Eine Umschreibung, mit der gleichermaßen die Landschaft als auch das kulturelle Leben gemeint war. Denn am Musenhof der Eutiner Fürsten hat schon **Johann Voß** die Odyssee Homers ins Deutsche übertragen. Im Plöner Schloss, sozusagen gleich um die Ecke, ließ der letzte deutsche Kaiser, Wilhelm II., seine beiden Söhne auf größere Aufgaben vorbereiten, die ihnen dann aber doch erspart

MERIAN-Lesetipp

Das Titelfoto mit dem goldgelb leuchtenden Rapsfeld zieht die Blicke auf sich: Das Buch **Holstein – Das Land und das Meer** von Anne Leier (Text) und Heinz Teufel (Fotos) stellt Land und Leute zwischen den Meeren vor. Die Autorin beschreibt die Regionen und Städte des nördlichsten Bundeslands sehr unterhaltsam. Und der Fotograf vermittelt stimmungsvolle Einblicke in die Küstenregion (Ellert & Richter Verlag 2000).

geblieben sind. Kann das alles Zufall sein? Aus den geheimnisvollen Tiefen des Uklei-Sees sollen manchmal bei Mitternacht, wenn Vollmond ist, Geister auftauchen, und in den Wäldern sollen Trolle ihr Unwesen treiben. Das kann glauben, wer will, aber eines steht fest: Manchmal hat diese eigenartige Landschaft mit ihren stillen Seen und schimmernden Buchenwäldern etwas Märchenhaftes, das alle Zeiten zu überdauern scheint.

Der Schleswig-Holsteiner nimmt solche Ansichten gelassen zur Kenntnis. Dem Holsteiner wird gerne nachgesagt, er sei nachgerade von einer gewissen Sturheit. Das kann wohl sein, so ganz ist der Charakter des Schleswig-Holsteiners noch nicht erforscht. Denn im Grunde gibt es den Schleswig-Holsteiner überhaupt nicht. Was hat ein Dithmarscher Bauernschädel mit einem Holsteiner Gutsherren gemein, was verbindet einen nordfriesischen Schäfer mit einem Flensburger Rumfabrikanten? Ziemlich wenig, wenn man einmal davon absieht, dass sie sich gegenseitig die Stur-

Kantig und liebenswert: die Menschen zwischen den Meeren

heit unterstellen, von der sie bei sich selbst natürlich nichts wissen wollen. Da passen schon eher Angeliter, also die Bewohner Angelns, und die Ost-Holsteiner zusammen. So viel kann gesagt werden: Beide pflegen eine gewisse Zurückhaltung, die jede ungestüme Annäherung erst einmal im Keim erstickt. Es braucht seine Zeit, bis das Eis gebrochen ist, denn der Schleswig-Holsteiner ist vor allem eines besonders gerne: unter seinesgleichen. Aber: Bange machen gilt nicht.

Ach ja, die Politik. Seit 1945 ist Kiel Landeshauptstadt, davor wurde das Land von Schleswig aus verwaltet (vor 1864 war Kopenhagen die Hauptstadt des Landes), mit einem Wort, die Gewalt ging immer vom Osten aus. In den vergangenen Jahrzehnten war Kiel sogar für einige politische Aufregung gut, erst die Barschel-Affäre und dann gewissermaßen als Fußnote, die späte Einsicht des damaligen Ministerpräsidenten Schles-

Geschäfte der Politik

wig-Holsteins und Kanzlerkandidaten der SPD, Björn Engholm, die ihn das Amt kostete. Der Mann hatte mehr verschwiegen, als gut war. Danach übernahm eine Frau das Zepter. Heide Simonis wurde im Mai 1993 die erste Ministerpräsidentin des nördlichsten Bundeslandes. Jetzt wird pragmatisch regiert, der Blick geht von Kiel in den Ostseeraum hinüber zu den baltischen Staaten. Das also ist der Osten Schleswig-Holsteins, Märchenland und Regierungszentrale, Kulturland und Industriegebiet. Dass das alles zusammengeht, macht den Reiz dieses Landes aus. Manchmal ergänzen sich Gegensätze eben doch.

Aussicht aufs Meer oder Blick auf eine beschauliche Landschaft? Preiswerte Pension oder komfortables Hotel? Für jeden Geschmack ist etwas dabei – auch für jeden Geldbeutel.

de Werth de gült dat Beste
segt proost mien leewen Gäste

*Gemütlich logieren lässt sich
an der Ostseeküste vielerorts
– wie hier im Traditionshaus
Ole Liese (→ S. 62).*

Man kann sich verwöhnen lassen oder in preiswerten **Familienpensionen** unterkommen. Es gibt kleine Häuser, in denen der Hotelier am Morgen den Schlüssel aushändigt und am Abend in der Küche steht, um die Rote Grütze fertigzumachen; nicht zu vergessen sind die **Großraumhotels** wie das Maritim in Travemünde, mit Spielcasino im selben Haus. Jeder Geschmack wird bedient, jeder kann nach seinem Bankkonto selig werden.

Wenn noch vor einigen Jahren die Hotellerie etwas verschlafen wirkte, so hat sich das entscheidend verändert. Saison ist inzwischen fast

Eine Hotellerie im Umbruch

das ganze Jahr über, und das heißt für den Erholungssuchenden nichts anderes, als rechtzeitig zu buchen. Der Service in den Hotels hat sich allerdings eine gewisse bäuerliche Eleganz bewahrt, will heißen, das ganz große Nobelhotel mit dem großen Namen hat das Land nicht zu bieten. Wer sich aber die Mühe macht und das Besondere sucht, der wird es auch finden.

Inzwischen haben die Hotelpreise doch recht stark angezogen, ein Doppelzimmer unter 60 € ist kaum noch zu finden, es sei denn, man übernachtet in einer Pension. Die neueste Tendenz zeigt, dass **Landhotels** wieder groß in Mode gekommen sind. Der stressgeplagte Großstadtmensch sucht Ruhe und Entspannung. Deshalb haben sich einige Häuser der gehobenen Klasse etablieren können. Meistens wurden die Landhotels an schön gelegenen Seen errichtet oder hübsch in die Landschaft gesetzt.

Aber Vorsicht vor Gruppenreisen: Immer mehr Hotels mit angeschlossener Gastronomie scheinen Busgesellschaften geradezu magisch anzuziehen, eine wahre Bedrohung für jeden Einzelreisenden und eine Plage für verliebte Pärchen. Da hilft nur eines: ab in den nächsten Dorfkrug und Schnitzel mit Pommes frites bestellen. Etwas anderes werden Sie dort auch kaum bekommen.

Wer aber trotzdem auf seinen Aal grün oder ein richtig gutes Steak nicht verzichten will oder kann, muss nicht verzweifeln. Überall im Land haben sich Häuser auf Gäste eingerichtet, die sich ihren Urlaub etwas kosten lassen wollen. In der Regel ist hier der Wohnkomfort mit einer entsprechend gutbürgerlichen bis erlesenen Gastronomie gekoppelt. Man muss ein bisschen suchen, aber es lohnt sich (meistens).

Hotels sind bei den einzelnen Orten im Kapitel »Sehenswerte Orte« näher beschrieben.

MERIAN-Tipp

Apartments und Restaurant Schlie-Krog in Sieseby an der Schlei Die regionale Küche kennt durchaus ihre Höhepunkte: Der Schlie-Krog in dem hübschen Schleidorf Sieseby zählt seit Jahren dazu. Hier werden fangfrische Fische auf eine Weise zubereitet, dass Kenner immer wiederkommen und das Haus mit Stammgästen gesegnet ist. Für Reisende, die in dem hübschen, denkmalgeschützten Fachwerkhäuschen übernachten wollen, gibt es zwei Apartments. Rechtzeitig buchen! Dorfstr. 19; Tel. 0 43 52/25 31; Mo geschl. ⭐⭐ AmEx EURO ■ C 3, S. 116

Alle in diesem Band empfohlenen Unterkünfte auf einen Blick

Preisklassen

Die Preise gelten für eine Übernachtung im Doppelzimmer für zwei Personen ohne Frühstück.
★★★★ über 100 €
★★★ bis 100 €
★★ bis 75 €
★ bis 50 €

Fisch und Fleisch, das sind die Pole, um die die Küche an der Küste kreist. Wer sucht, wird Qualität finden, wer nur satt werden will, findet auch sein Glück.

Plauderei bei Kaffee und Kuchen an der Promenade in Travemünde (→ S. 79).

Essen ist in Schleswig-Holstein immer eine eher deftige Angelegenheit gewesen. Das wird nicht zuletzt an dem rauen Klima liegen und natürlich an dem vielen Regen, dem niemand entkommen kann. Wer einmal so richtig in einen Herbststurm geraten ist und mächtig durchgefroren nach Hause kommt, wird einen heißen Punsch oder einen steifen Grog zu schätzen wissen. Und beide Getränke wird man an der Küste in fast jeder Kneipe bestellen können. Aber erst einmal zurück zur festen Nahrung. Traditionell wird die Küche des Landes von der Landwirtschaft bestimmt – und natürlich vom Fischfang. Daran hat sich im Grunde bis heute nicht viel geändert. Vielleicht mit einer Ausnahme. Noch bis weit in die siebziger Jahre hinein wurde der Fisch, der an der Küste auf den Tisch kam, auch tatsächlich von schleswig-holsteinischen Fischern gefangen. Das trifft heute nur noch selten zu. Kutterscholle kommt nicht immer unbedingt fangfrisch auf den Tisch, auch wenn sie noch so angepriesen wird. Nicht zuletzt die Überfischung der Ostsee hat dazu geführt, dass Einheimische ein wenig vom Fisch Abstand genommen haben. Inzwischen hat sich auch die Forelle, früher eher eine seltene Delikatesse, auf den Speisezetteln etablieren können. Der Hering, einst der Fisch der armen Leute, hat sich ebenfalls gehalten, aber die Qualität schwankt manchmal doch sehr. Wer etwas ganz Spezielles sucht, kann sich an Kieler Sprotten halten, die immer noch nach altem Muster geräuchert werden und eigentlich Eckernförder Sprotten heißen müssten, weil sie dort hergestellt werden.

Deftiges Allerlei aus Fleisch und Gemüse

In erster Linie ist Schleswig-Holstein jedoch Fleischland. Das sieht man schon daran, dass dem Schinken, also geräuchertem Schweinefleisch, eine gewaltige Verehrung entgegenschlägt. Überall im Land werden die Schinken in kleinen Katen geräuchert. Aber aufgepasst: Nicht immer wird das Fleisch so behandelt, wie es sein müsste, und so mancher Schinken soll schon fitgespritzt worden sein, damit er nicht so lange im Rauchfang hängen muss.

Das Schwein zählt besonders in Angeln zu den Grundnahrungsmitteln, daran hat auch die Diskussion um artgerechte Haltung und Fütterung dieses Allesfressers nichts geändert. Wer in Angeln zeigen will oder muss, dass es ihm gut geht, der lädt zu zweierlei Fleisch, Rind und

MERIAN-Tipp

Forsthaus Hessenstein bei Lütjenburg Schon wer die Auffahrt zum Hessenstein sieht, kommt sich einigermaßen nobel vor. Das ehemalige Forsthaus mit seinen feinen Säulen strahlt den Charme einer ländlichen Gediegenheit aus, die schon leicht ins Aristokratische hinüberspielt. Der Hamburger Peter Marxen pflegt hier seit ein paar Jahren die gehobene Regionalküche, die Kartoffelsuppe mit Lachsstreifen und Gänsekeule in Aspik einschließt. Die Weinkarte ist reichhaltig, der Service manchmal etwas schleppend, aber durchaus freundlich. Tel. 0 43 81/94 16 ★★　　■ F 4, S. 117

Schwein, und allerlei Gemüse. Bei größeren Festlichkeiten kommt **Angler Muck** auf den Tisch, eine gefährliche Mischung aus Korn und hellem Sprudel. An etwas ruhigeren Tagen wird **Schnüsch** serviert, eine Art Gemüsepfanne. **Birnen, Bohnen und Speck** heißt ein anderes Traditionsgericht, das man aber leider auf den meisten Speisekarten vergeblich sucht. Denn die Gastronomie im Lande strebt nach Höherem. Dabei hat sich der Einfluss der Nouvelle Cuisine nachteilig auf die traditionelle Küche ausgewirkt. Denn leider sind mit den fetttriefenden Tellergerichten auch viele regionale Zubereitungsarten von den Karten verschwunden. Erst in der jüngsten Zeit setzt wieder die Besinnung auf das Althergebrachte ein, mit dem Vorteil, dass viele Gerichte eine leichte Verfeinerung erfahren haben.

Tipp für Selbstversorger:
Frisch vom Kutter schmeckt Fisch
am besten.

Hier gibt's Werner-Bier!

Zu einem guten Essen gehört natürlich das passende Getränk, ein schwieriges Kapitel. Der Norddeutsche im Allgemeinen ist nicht gerade ein Weintrinker, von Weinkennerschaft ganz zu schweigen. Restaurants mit guten Weinkarten sind demzufolge dünn gesät, auch wenn schon Besserung eingetreten ist. Ansonsten wird Bier getrunken, in Flensburg und Umgebung natürlich das **Werner-Bier** mit dem Bügelverschluss. Aus Flensburg kommen auch diverse Rumsorten und ein Aquavit mit Namen **Bommerlunder**. Lübeck war früher die Weinstadt des Nordens, aber von dem großen Ruf ist nur noch der **Rotspon** geblieben, ein Wein mittlerer Kategorie, für den Lübeck einmal das Monopol besaß.

Natürlich darf nicht das **Lübecker Marzipan** vergessen werden, eine weltberühmte Leckerei, die immer noch von der Firma Niederegger

hergestellt wird. Ein Wort noch zu der Nachspeise: **Rote Grütze** heißt sie und ist so aktuell wie eh und je.

Süße Genüsse

Eine Köstlichkeit, die jeden Sommertag versüßt und natürlich auch im Winter gegessen wird, am liebsten mit Vanillesoße.

Restaurants sind bei den einzelnen Orten im Kapitel »Sehenswerte Orte« näher beschrieben.

Preisklassen

Die Preise beziehen sich jeweils auf ein Menü ohne Getränke und Trinkgeld.

★★★★ 50–75 €
★★★ bis 40 €
★★ bis 20 €
★ bis 10 €

Kiel ist die Landeshauptstadt,

doch die Hansestadt Lübeck an der Trave ist zweifellos die Perle unter den schleswig-holsteinischen Städten.

Die Altstadt von Lübeck mit ihren fast 100 historischen Bauwerken ist UNESCO-Kulturgut (→ S. 68).

Die nördlichste Stadt Deutschlands. Dänemark liegt direkt gegenüber und bestimmt zum großen Teil das Bild der Stadt an der Förde, die immer noch die Reise-Metropole ist.

Flensburg ■ A 2, S. 116

84 500 Einwohner
Stadtplan → S. 25

Die eigentliche Geschichte der Stadt beginnt mit **Rum**. Denn erst als die Seerouten in die Karibik auch den Handel beflügelten, kam das flüssige Gold in die Fördestadt. Bis dahin hatte die ehemalige Fischersiedlung, 1284 von Herzog Waldemar IV. von Schleswig mit dem Stadtrecht ausgestattet, kaum wirtschaftliche Bedeutung gewonnen. Mit dem Rum der Westindienfahrer kam der Aufschwung, und noch heute erinnern erhaltene Speicher aus dem 16. Jh. an diese Blütezeit. Damals fuhren fast 200 Segler unter der Flensburger Flagge, und die Stadt stand im Begriff, sogar Lübeck, der großen Rivalin von der Hanse, den Rang abzulaufen. Noch heute ist die Westseite der Hafenfront von dieser Zeit geprägt, wenn auch inzwischen viele der alten Handelshöfe und Speicher entkernt wurden und Kneipen und Restaurants das Geld in die Kassen bringen. Auch die Hafenstadt Flensburg hat die Werftenkrise und die damit verbundene Krise des Hafens spüren müssen. Die Werft wurde an einen Konzern verkauft und hält sich mehr schlecht als recht über Wasser. Der Hafen hat längst nicht mehr die Bedeutung für die Stadt wie noch vor dreißig Jahren. Trotzdem ist Flensburg eine der maritimsten Städte an der deutschen Ostseeküste. Dazu trägt nicht zuletzt die **Marineschule Mürwik** auf dem Ostufer bei, die aber möglicherweise in den nächsten Jahren aufgelöst werden soll. Museumsschiffe dümpeln im ruhigen Brackwasser in unmittelbarer Nähe zum **Schifffahrtsmuseum**, das mit einer kleinen Dauerausstellung auch an die Blütezeit der Stadt erinnert – ein Raum ist dem Rum gewidmet, der ja auch heute noch eine Rolle im Wirtschaftsleben spielt.

Flensburg ist eine internationale Stadt, manche sagen sogar, sie sei die einzige deutsche Stadt in Dänemark. Deutsch und dänisch, das waren einmal unauflösliche Gegensätze. Denn bis 1864, als Preußen und Österreich gemeinsam die Dänen bei Düppel vernichtend schlugen und die Niederlage dazu führte, dass ganz Schleswig-Holstein, das bis dahin dänisch war, deutsch wurde, war Flensburg eine Stadt des dänischen Gesamtstaates. Erst die Volksabstimmung nach dem vom deutschen Kaiserreich verlorenen Weltkrieg brachte den heutigen Grenzverlauf. Flensburg wurde deutsch, behielt aber eine dänische Minderheit. Auch heute noch ist das dänische Element in der Stadt unverkennbar. Die Partei der dänischen Minderheit, der **Südschleswigsche Wählerverband**, regiert im Rathaus kräftig mit, und auch sonst haben sich die deutschen Dänen ihre eigenen Institutionen erhalten. Es gibt eine dänische Zeitung, *Flensborg Avis*, die von Dänemark kräftig bezuschusst wird, ein dänisches Gymnasium, eine dänische Bibliothek, ein dänisches Theater und dänische Kindergärten. Inzwischen kommen Deutsche und Dänen sehr gut miteinander aus. Denn aus Dänemark kommt auch ein Großteil der Kunden, die den Grenzhandel beleben, von dem die Stadt zu einem guten Teil existiert.

Von Seefahrerromantik, dem großen Seelentröster, ist – bis auf die **Alexandra**, ein Ruß speiendes Ungetüm von Dampfschiff – nicht mehr viel geblieben. Viele der ehemaligen Speicher wurden saniert, manchmal bis zu ihrer restlosen Zerstörung. Das raue Hafenklima ist dem Kitsch der achtziger Jahre geopfert worden. Wo früher erschöpfte Seemänner strandeten, wird jetzt Techno getanzt. Wer noch ein bisschen Seefahrerromantik schnuppern will, muss am Ostufer einen Spaziergang durch die ehemalige Fischersiedlung **St. Jürgen** unternehmen. Die Hafenspitze hat sich inzwischen zum maritimen Treffpunkt gemausert.

Hotels/andere Unterkünfte

Am Wasserturm
Familiär geführtes Haus, zentral aber ruhig gelegen in Richtung Mürwick. Blasberg 13; Tel. 04 61/315 06 00; Internet: www.hotel-restaurant-am-wasserturm.de; 34 Zimmer ★ ★ ★

Central   nördlich ■ C 2
Gutbürgerliches Hotel mit gutem Restaurant unterhalb des Rathauses. Neumarkt 1; Tel. 04 61/8 60 00, Fax 2 25 99; 95 Betten
★ ★ AmEx DINERS EURO VISA

Mercure   ■ b 4
Modernes Haus direkt am Hafen. Norderhofenden 6–9; Tel. 04 61/8 41 10, Fax 8 41 12 99; E-Mail: dm@accor-hotels.com; 90 Zimmer ★ ★ AmEx DINERS EURO VISA

Wassersleben   nördlich ■ a 1
Kurz vor der dänischen Grenze an der Förde gelegen, schöne Aussicht aus den Zimmern, sehr gute Küche. Wassersleben 4; Tel. 04 61/7 74 20, Fax 7 74 21 33; 25 Zimmer
★ ★ ★ AmEx DINERS EURO VISA

Spaziergang

Für einen Gang durch die Stadt bietet sich die Flaniermeile an, die gleichzeitig die Einkaufsstraße Flensburgs ist. Vom Südermarkt bis zum Nordermarkt sind es vielleicht 1000 m, den etwas längeren Teil beansprucht der Holm für sich. Die Norderstraße ist zwar kürzer, dafür aber besser erhalten. Am **Südermarkt** steht das am besten erhaltene spätgotische Kaufmannshaus, Nummer 12, und an der Ecke zur Angelburger Straße ein von dem Klassizisten Axel Bundsen entworfenes Bürgerhaus. Im **Holm** Nummer 19/21 steht der letzte noch erhaltene **Handelshof** aus dem 16. Jh., im klassizistischen Vorderhaus hatte der preußische General von Wrangel 1864 sein Hauptquartier eingerichtet. Sehenswert sind ebenfalls Holm Nummer 56 und 76. Vorbei geht es am Einkaufstempel der Stadt, der Holm-Passage. Ein paar Meter linker Hand die Rathausstraße hinauf liegt das städtische Theater. Hinter der Rathausstraße beginnt die große Straße mit den etwas teureren Geschäften. Sehenswert sind die vollständig erhalten gebliebenen Fassaden der Häuser aus dem 18. und 19. Jh., besonders markant dabei der **Westindienspeicher** in der Großen Straße 24 Auf dem Nordermarkt wartet der **Neptunsbrunnen** mit seinen Rokoko-Ornamenten. Erhalten geblieben sind auch noch die mittelalterlichen Schrangen (ca. 30 Min.).

Sehenswertes

Alter Friedhof   ■ a 4
Der Friedhof hinter dem Städtischen Museum ist ein besonderes Denkmal deutsch-dänischer Geschichte. Hier

liegen die Toten aus dem Krieg von 1850, ein Krieg, der zwischen aufständischen Schleswig-Holsteinern, die ein eigenes Parlament forderten, und der dänischen Staatsmacht, die den Aufstand blutig niederschlug, geführt wurde. Gleich hinter der klassizistischen Kapelle von Axel Bundsen stand bis 1864 ein Bronze-Löwe, der über die Toten wachen sollte und nach ihrem Sieg von den Dänen aufgestellt wurde. Die Preußen ließen den Löwen 1864 entfernen und nach Berlin bringen, von dort wurde er nach 1945 nach Kopenhagen ausgeliefert. Initiativen, den Löwen wieder nach Flensburg zurückzuholen, scheiterten bislang am Desinteresse der Stadt.

Deutsches Haus ■ c 6

Das Deutsche Haus zwischen Bahnhof und Südermarkt, gleich gegenüber dem **Grauen Kloster**, wurde 1929 zur Pflege des deutschen Brauchtums errichtet, auf Hunderten von deutschen Eichenpfählen versteht sich. Nach den deutsch-dänischen Grenzkämpfen glaubte das Deutsche Reich allen Anlass zu haben, den Dänen ein für allemal die Grenzen aufzuzeigen. So kann die trutzige Architektur des Deutschen Hauses auch als Kampfansage verstanden werden. Heute ist das Eichenfundament ein bisschen verrottet und muss erneuert werden.

Hafen ■ b 1/b 3

Auch wenn der Hafen seine ehemalige wirtschaftliche Bedeutung verloren hat, bestimmt er doch immer noch das Bild der Stadt. Besonders in der Abenddämmerung lohnt sich ein Spaziergang, der vom **Ballastkai** mit seinen alten Hafenanlagen auf der Ostseite um die Hafenspitze führt, vorbei an den **Holzkais** für die so genannten Butterschiffe, bis hin zum Anleger des **Museumshafens**.

Kaufmannshof Norderstraße 20 ■ a 2

Eigentlich plante die Stadt Flensburg in den siebziger Jahren den Totalabriss der alten Speicher und Kaufmannshöfe aus der guten alten Zeit. Aber dann gab es Fördermittel des Bundes für die Stadtsanierung, und man besann sich eines Besseren. Der Kaufmannshof ist ein besonders geglücktes Beispiel dieser Sanierung. Hier lässt sich noch das Nebeneinander von Wohnen und Arbeiten ablesen, wie es vor zweihundert Jahren üblich war.

Kompagnietor ■ b 3

Am Ende der Kompagniestraße liegt das Kompagnietor, einstmals als Hafentor erbaut. Hier war der Sitz des Schiffergelages, das aus der **Knudsgilde** der Kaufleute und Schiffer hervorgegangen war. Unter dem Tor kann man ein bisschen Mittelalter schnuppern, auch wenn das Gebäude äußerst modern restauriert worden ist.

Nordertor ■ a 1

Das Nordertor von 1595 ist das Wahrzeichen der Stadt, aus Backstein und somit für die Ewigkeit gebaut. Aber das sahen die Flensburger Bürger anders. Noch Ende des 19. Jh. wollten sie das einzige erhaltene Stadttor Flensburgs abreißen lassen und bemühten dafür sogar die Gerichte. Glücklicherweise fiel die Entscheidung zugunsten von Stadt und Tor aus. Flensburg kann sich heute also mit gutem Recht das **Tor zum Norden** nennen.

Oluf-Samson-Gang ■ a 2/b 2

Seeleute hatten nach einem langen Turn auf hoher See vor allem Lust auf zwei Dinge: Sie wollten Frauen, und sie wollten Schnaps, und beides war im Oluf-Samson-Gang reichlich vorhanden. Noch bis in die siebziger Jahre hinein galt die Gasse mit ihren

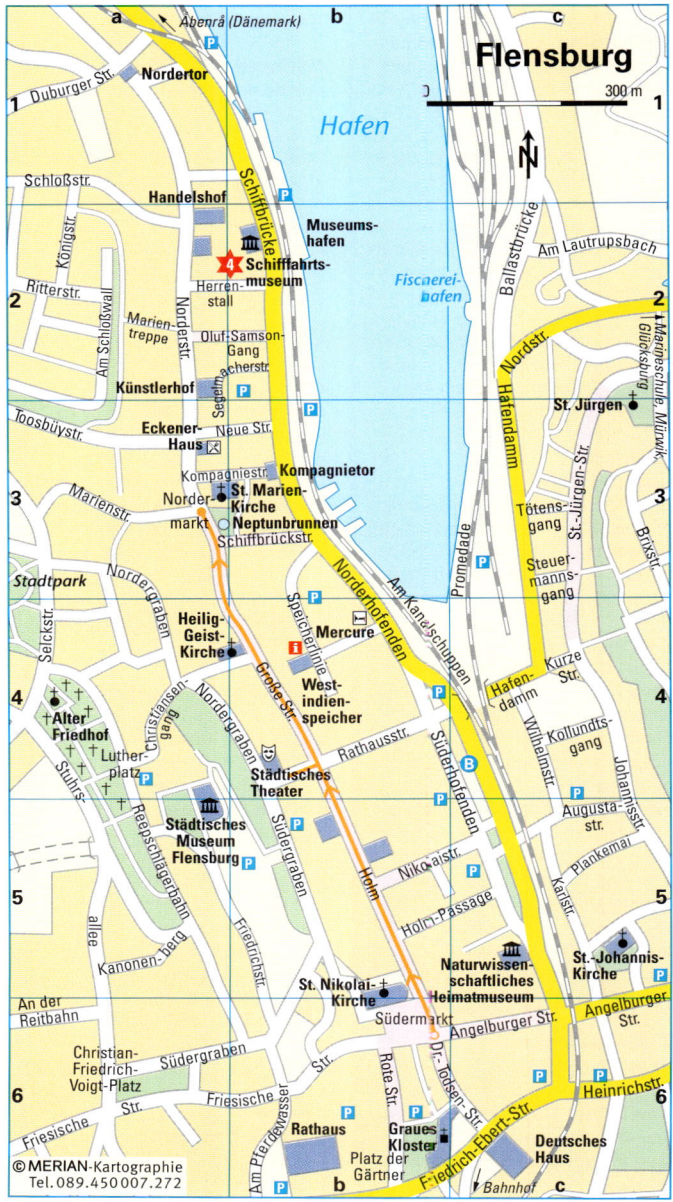

Flensburg

300 m

Hafen

Abenrå (Dänemark)

Duburger Str.

Nordertor

Schloßstr.

Handelshof

Königstr.

Ritterstr.

Am Schloßwall

Schiffbrücke

Museums-hafen

Herren-stall

4 Schifffahrts-museum

Fiscaereihafen

Marien-treppe

Nordertr.

Oluf-Samson-Gang

Toosbüystr.

Segelmacherstr.

Künstlerhof

Eckener-Haus

Neue Str.

Kompagniestr.

Kompagnietor

Marienstr.

Norder-markt

St. Marien-Kirche

Neptunbrunnen

Schiffbrückstr.

Am Lautrupsbach

Ballastbrücke

Hafendamm

St. Jürgen

Marineschule, Mürwik, Glücksburg

Nordstr.

St.-Jürgen-Str.

Brixstr.

Tötens-gang

Steuer-manns-gang

Promenade

Am Kanalschuppen

Norderhofenden

Stadtpark

Nordergraben

Selckstr.

Heilig-Geist-Kirche

Speicherlinie

Grote Str.

Mercure

West-indien-speicher

Christiansen-gang

Nordergraben

Rathausstr.

Süderhofenden

Kurze Str.

Hafen-damm

Wilhelmstr.

Kollundts-gang

Johannisstr.

Alter Friedhof

Stuhrs-

Luther-platz

Städtisches Theater

Süderfischer

Augusta-str.

Plankemai

Reepschlägerbahn

Städtisches Museum Flensburg

Süderhofenden

Nikolaistr.

Karlstr.

Kanonen-berg

Friedrichstr.

Holm

Holm-Passage

Naturwissen-schaftliches Heimatmuseum

St.-Johannis-Kirche

Angelburger Str.

An der Reitbahn

Südergraben

St. Nikolai-Kirche

Südermarkt

Angelburger Str.

Heinrichstr.

Christian-Friedrich-Voigt-Platz

Rote Str.

Am Pferdewasser

Friesische

Friesische Str.

Südergraben

Str.

Dr.-Todsen-Str.

F-iedrich-Ebert-Str.

Rathaus

Graues Kloster

Platz der Gärtner

Deutsches Haus

Bahnhof

© MERIAN-Kartographie
Tel. 089.450007.272

a   b   c

1   2   3   4   5   6

kleinen Häuschen als der romantischste Strich Europas. So romantisch wird das Gewerbe aber auch damals nicht gewesen sein. Die Stadt machte Anfang der achtziger Jahre den Versuch, das Gewerbe zu vertreiben, und verkaufte die Häuschen mit der Auflage, dass der neue Eigentümer selbst einziehen müsse. So ganz ist diese Trockenlegung nicht geglückt, die Damen – und vermutlich auch die Herren – fühlten sich doch etwas gestört. Heute ist ein Bummel durch den Gang für Leib und Seele ohne Anfechtung möglich. Die einen werden das bedauern, die anderen sich freuen. In jedem Fall gilt: Tourismus schlägt Prostitution.

St. Jürgen ■ c 3

Die älteste Kirche der Stadt liegt malerisch in dem ehemaligen Stadtteil der Fischer und Kapitäne, St. Jürgen. Die Kanzel der Feldsteinkirche aus dem 13. Jh. wurde 1587 von Hans von Bremen geschnitzt.

St. Marien-Kirche ■ a 3

Die St. Marien-Kirche am Nordermarkt ist ein im Kern gotischer Bau mit einem neugotischen Turm. Die Kirche begrenzt die gutbürgerliche Altstadt nach Norden hin. In der ersten Nische rechts hinter dem Eingang findet sich die älteste gemalte Darstellung der Stadt Flensburg aus dem Jahr 1591. Der Altar stammt aus der Werkstatt des Bildsniders Heinrich Ringerink; außerdem haben sich mittelalterliche Deckenmalereien erhalten. Beeindruckend sind auch die Glasfenster der Flensburger Malerin Käte Larsen.

St. Nikolai-Kirche ■ b 5

In der Kirche – zwischen 1390 und 1480 erbaut – findet sich die am besten erhaltene Orgelfassade der norddeutschen Renaissance, gestaltet ebenfalls von dem Bildsnider Heinrich Ringerink.

Marinegeschichtliche Lehrsammlung

In der Marineschule in der ehemaligen Villa des Kommandeurs werden Schiffsmodelle, Gemälde, Galionsfiguren, Uniformen, Orden und andere maritime Gegenstände gezeigt – über 150 Jahre Deutsche Marinegeschichte.
Kelmstr. 14, Mürwick; Di 14–19 Uhr; Anmeldung erforderlich; Tel. 04 61/3 17 29 93

Schifffahrtsmuseum ■ b 2

Das Museum für die Schifffahrt ist in einem ehemaligen Zollpackhaus aus dem Jahr 1842 untergebracht. Jede Menge Maritimes wird gezeigt, von rostigen Ankern bis zu Rangabzeichen. Das Museum verfügt über eine imponierende Sammlung detailgetreu nachgebauter Schiffsmodelle. Neu ist eine Abteilung, die sich den Flensburger Rumfahrern widmet.
Schiffbrücke 39; Di–Sa 10–17, So 10–13 Uhr, Mo geschl.

Städtisches Museum Flensburg
■ a 5

Das Städtische Museum widmet sich nicht nur der Stadtgeschichte, sondern auch der Kunst- und Kulturgeschichte des ganzen Landes. Sehenswert sind vor allem die Bauernstuben und Pesel, also die Schlafstuben der Halligbewohner. Das Museum verfügt über eine hervorragende Sammlung einheimischer Maler, darunter viele Werke Emil Noldes, dem ein eigener Raum gewidmet ist.
Museumsberg 1; E-Mail: museumsberg.flensburg@foni.net; Di–So 10–17, Mo geschl.

Brasserie Napoleon ■ b 4

Das Restaurant gilt als das beste Steakhaus in der Stadt; wen wun-

dert's, es ist auch das einzige.
Die Inneneinrichtung ist rustikal.
Große Str. 42; Tel. 04 61/2 20 22
★ ★ EURO VISA

Café Maas ■ c 6
Nach einem Einkaufsbummel kann
man sich in diesem Café ausruhen,
wo es seit mehr als hundert Jahren
den besten Kuchen der Stadt gibt.
Angelburger Str. 4; Tel. 04 61/2 53 22

Eckener Haus ■ a 5
Das Traditionslokal in der Innenstadt
mit altehrwürdigem Ambiente. Die
Räume sind zum Teil mit Louis-Seize-
Möbeln ausgestattet. Die Weinstube
bietet eine reiche Weinkarte, im ers-
ten Stock wird an den Luftschiffer
Alexander Eckener erinnert. Auch ve-
getarische Gerichte, Sommergarten.
Norderstr. 8; Tel. 04 61/18 00 26 ★ ★

Fährkroog ■ b 2
Mitten im alten Hafengebiet, an der
so genannten Goldküste, bietet der
Fährkroog Fischspezialitäten und ein
angenehm maritim ausgestattetes
Inneres.
Schiffbrücke 37; Tel. 04 61/2 42 12 ★ ★

Gasthaus Marienhölzung
Etwas außerhalb des Stadtkerns auf
der westlichen Höhe liegt das Gasthaus in einem Gehölz. Einige Jahre
stand das traditionelle Ausflugslokal
der besser gestellten Flensburger
leer, jetzt wird wieder Deftiges aus
der Pfanne geboten. Die Atmosphäre
ist rustikal, das Essen anständig.
Marienhölzungsweg 150;
Tel. 04 61/58 22 94 ★

Weinstube im Krusehof M ■ b 6
In dem verwinkelten Hof in der
historischen Roten Straße geht es
gemütlich zu. Man sitzt eng beieinan-
der, trinkt Wein oder lässt sich kleine
Gerichte bringen.
Rote Str. 24; Tel. 04 61/1 28 76
★ ★ (keine Kreditkarten)

Einkaufen

In der Norderstraße nördlich des Nor-
dermarktes haben sich ein paar Tröd-
ler niedergelassen, aber selbst hier
sind die Schnäppchen teuer geworden. Südlich des Südermarktes, in
der Roten Straße, lohnt sich ein Blick
in die historischen Höfe.

**Antiquitäten, Kunst und
Kunsthandwerk**
Galerien Ateliers und Antiquitätenlä-
den sind in der Roten Straße zu finden.

Glasbläserei Dieter Schneider ■ b 6
Dieter Schneider betreibt sein Hand-
werk schon seit einigen Jahren. Seine
Gläser tragen eine eigenwillige
künstlerische Handschrift.
Rote Str. 22–24; Tel. 04 61/2 09 83

MERIAN-Tipp

Phänomenta 👫 Gleich neben dem Wahrzeichen der
Stadt, dem Norderhor, wurde
ein Museum der besonderen
Art eingerichtet. An über 200
Stationen können die Besucher
Phänomene, also Erscheinungen aus der uns umgebenden
alltäglichen Umwelt, begreifen
lernen: Es darf alles angefasst
werden. Da gibt es zum Beispiel einen 27 m langen, licht-
losen Tunnel mit den unter-
schiedlichsten Belägen, einen
Saal des Lichts oder eine
Mondleiter. Das ideale Experi-
ment erfeld für alle Generationen. Norderstr. 157–161; Internet: phaenomenta.com; Mo–Fr
10–18, Sa 12–18, So 10–18 Uhr
■ a 1

Südermarkt ◼ b 6

Die Bauern aus den umliegenden Dörfern der Region verkaufen jeden Mittwoch und Sonnabend ihre Produkte auf dem Südermarkt (8–13 Uhr). Flohmarkt jeweils am 1. und 3. Donnerstag von 8–18 Uhr.

Töpferei Luise Dunker ◼ b 6

Luise Dunker pflegt einen durchaus eigenwilligen Stil. Ihre gebrannten Töne zeichnen sich durch eine feine Lasur aus.
Rote Str. 16; Tel. 04 61/2 02 84

Am Abend

Der Hafen hinter der Schiffbrücke ist das Zentrum der Vergnügungssüchtigen. Hier gibt es eine Reihe von Bars, Kneipen und Diskotheken, in denen es bis zum frühen Morgen zur Sache geht. Rund um den Nordermarkt hat sich das Epizentrum des Vergnügens herausgebildet.

Börsenkeller ◼ b 6

Kneipe und Bierlokal im Souterrain. Hier treffen sich gerne Segler und ihre Freunde. Die Kundschaft ist in der Regel deutsch-dänisch im Verhältnis 1:1, das macht auch den besonderen Charakter dieses Lokals aus, in dem vor allem junge Leute verkehren. Im Sommer werden Tische und Stühle auf die Straße gestellt.
Große Str. 77; Tel. 04 61/2 33 38 ★

Galerie ◼ b 6

Die einzige Kleinkunstbühne der Stadt, und das auf vielleicht 4 qm. Mehr Platz haben die Kabarettisten und Musiker nicht zur Verfügung. Die gemütliche Kneipe verteilt sich auf zwei Stockwerke.
Holm 66; Tel. 04 61/2 01 04 ★

Hansens Brauhaus ◼ b 4

In dem ehemaligen Redaktionsgebäude der dänischen Zeitung

Flensborg Avis wird jetzt Straßenbahn gefahren. Zwischen glänzenden Braukesseln und einer Tram wird deftige Kost bevorzugt.
Große Str. 83; Tel. 04 61/2 22 10 ★

Piet Henningsen ◼ b 2

Bei Piet Henningsen regiert der Seemann, es geht zünftig zu, und auch wenn alles nur noch schöner Schein ist. Hier macht das Leben auch für Landratten noch richtig Spaß. Fisch steht auch auf der Speisekarte, dazu gibt es ein kühles Flensburger.
Schiffbrücke 20; Tel. 04 61/2 45 76

Porticus Ⓜ ◼ a 3

Die Stammkneipe für alle älteren Semester, die es gerne etwas ruhiger haben und unter sich bleiben wollen. Regelmäßig treten Musiker auf, und auf den alten Sofas sitzt man weich und bequem.
Marienstr. 1; Tel. 04 61/2 31 68

Schwarzer Walfisch ◼ c 6

Das älteste Gasthaus Flensburgs, 1751 eröffnet, war einmal der Stammsitz der Konservativen. Heute wird hier in historischem Ambiente modern gekocht. Sehr gut schmecken die Fischgerichte.
Angelburger Str. 44; Tel. 04 61/1 35 25 ★★

Service

Auskunft
Tourist-Information Flensburg und Umgebung ◼ b 4
Speicherlinie 40;
Tel. 0461/909 09 20, Fax 909 09 36
Internet: www.flensburg.tourist.de

Fördereederei für Ausflugsfahrten mit den Fördeschiffen ◼ b 4
Norderhofenden 2c; Tel. 04 61/86 40

Segeln
Verein Museumshafen
Norderstr. 22b; Tel. 04 61/2 91 22

Oben: Eines der bezauberndsten Schlösser von Schleswig-Holstein ist das Glücksburger Wasserschloss. Es spiegelt sich fotogen im Teich, der es umschließt (→ S. 30).

Mitte: Am Nordertor, dem ehemaligen Eingang von Flensburg, erkennt man noch heute das Wappen des Dänenkönigs Christian IV (→ S. 24).

Unten: Die Hafenzeile mit ihren alten Kaufmannshäusern bildet den historischen Kern Flensburgs (→ S. 24).

Ziele in der Umgebung

Geltinger Birk ■ C 2, S. 116

Von Gelting geht nicht nur die Fähre nach Fåborg auf der dänischen Insel Fünen ab, ein Kurztrip, der sich lohnt. Für Ornithologen dürfte von ganz besonderem Reiz die Geltinger Birk sein, ein ausgedehntes Vogelschutzgebiet, in dem viele Arten ihre Brutstätten haben.

Glücksburg ■ B 1, S. 116

Berühmtester Prachtbau des Ostseeheilbades ist das **Wasserschloss**, ein prächtiger Renaissancebau, der von 1583 bis 1585 von Herzog Johann dem Jüngeren errichtet wurde. Das Schloss wird zum Teil noch immer von den fürstlichen Nachfahren bewohnt, die aber einen Teil des Schlosses zur Besichtigung freigegeben haben. Der Baumeister des dreigeschossigen und annähernd quadratischen Baus war Nickels Karies. 1827 erhielt das Schloss eine Orangerie, später noch ein Planetarium. Besonders sehenswert ist die Sammlung holländischer, flämischer und französischer Gobelins und Ledertapeten aus dem 17. und 18. Jh., die im Weißen Saal und im Gobelin-Zimmer ausgestellt sind. Im Roten Saal warten Tische aus Mahagoni und vergoldete Empirearmsessel, kein Wunder, dass der dänische König Frederik VII. das Schloss 1854 zu seiner Sommerresidenz erkor. In der Schatzkammer lagern Porzellan, Miniaturen und kostbares Silbergeschirr, Kleinodien allüberall. Über das Portal ließ der Bauherr die Buchstaben GGGMF meißeln – Gott gebe Glück mit Frieden. Dem Glücksburger Schloss jedenfalls scheint das genützt zu haben.
März–Mai und Okt.–Jan. Di und So 10–12 und 14–16.30 Uhr; 15. Mai– 30. Sept. Di–So 10–16.30 Uhr

Alter Meierhof
Vitalhotel im Gutsherrenstil an der Flensburger Förde. Beautyfarm und Badelandschaft genügen hohen Ansprüchen: drei Saunen, Pool und Kräuterschlammpeeling in orientalischem Ambiente. Die großen Zimmer sind luxuriös ausgestattet. Kleine Bar. OT Meierwik; Uferstr. 1; Tel. 0 46 31/6 19 90, Fax 61 99 99; E-Mail: ameierhof@aol.com, Internet: www.alter-meierhof.de
★ ★ ★ AmEx DINERS EURO VISA

Holnis 👫 ■ B 1, S. 116

Die Halbinsel Holnis östlich von Glücksburg ist das eigentliche Badeparadies der Flensburger. Der Strandbesuch kostet zwar Kurtaxe, aber wer seine Groschen sparen will, muss nur ein paar hundert Meter weiter nördlich wandern, allerdings mit ein paar größeren Steinen im Sand rechnen. Der Badestrand ist ideal für Familien mit kleinen Kindern, weil das Wasser sehr flach abfällt.

Essen und Trinken

Fährhaus Holnis
An der Nordspitze der Halbinsel, von hier fuhr früher die Fähre nach Broager auf der dänischen Seite hinüber. Die Küche hält leider nicht ganz, was die Aussicht verspricht.
Tel. 0 46 31/46 13 30 ★ ★

Idstedt ■ B 3, S. 116

Auf dem Schlachtfeld von Idstedt wurde 1850 die Auseinandersetzung der aufständischen Schleswig-Holsteiner gegen die übermächtigen Dänen zu Gunsten der Dänen entschieden. An die blutigen Kämpfe, die einige hundert Menschen das Leben kosteten, erinnert die Gedenkhalle von

Idstedt, direkt auf dem ehemaligen Schlachtfeld errichtet.

April–Sept. tgl. außer Mo 8–18 Uhr, Okt.–März tgl. außer Mo 9–17 Uhr. Ansonsten öffnet der Hausmeister auch gern außerhalb der Öffnungszeiten

Langballigau ■ B 1, S. 116

In dem modernen Seglerhafen an der Flensburger Außenförde züchtet Hafenmeister Clausen Austern von einer solchen Qualität, dass er inzwischen Restaurants in ganz Deutschland beliefert. In seiner Probierstube am Hafen kann man das »flüssige« Vergnügen verkosten.

Tel. 0 46 36/82 48

Munkbrarup ■ B 2, S. 116

In Munkbrarup, 8 km östlich von Flensburg an der B 199, der Nordstraße, steht eine der schönsten restaurierten Holländermühlen des Landes. Franz Stüdtje hat die Mühle in ihren ursprünglichen Zustand versetzt und führt Besucher selbst durch die Mühle.

Tel. 0 46 31/25 00

Ochseninseln ■ B 1, S. 116

Wie zwei Perlen liegen die dänischen Ochseninseln in der Flensburger Förde. Sie befinden sich in Privatbesitz, können aber trotzdem von Mai bis Oktober besichtigt werden. Dazu fährt man über Kollund auf der Küstenstraße nach Sönderhav und klingelt auf dem Kai nach den Isaaks, den Eigentümern der Inseln.

Oeversee ■ A 2, S. 116

Bei Oeversee wurden 1864 die Dänen geschlagen. An die deutsch/dänischen Kriege im 19. Jh. erinnert eine Gedenkstätte.

Hotel/Essen und Trinken

Romantik Hotel Historischer Krug
M M
Das Gasthaus mit Wellness- und Beautybereich an der B 76 befindet sich seit 1815 in Familienbesitz und hat schon vom dänischen König seine Schankerlaubnis erhalten. Das Restaurant pflegt eine gehobene internationale Küche. Die Zimmer liegen von der Straße abgewandt und sind äußerst komfortabel (→ S. 96).
Tel. 0 46 30/94 00; Internet: www.historischer-krug.de; 41 Zimmer
★★★ AmEx DINERS EURO VISA

Padborg ■ A 1, S. 116

Zwischen der A 7 und dem Grenzübergang Krusau liegt das Städtchen Padborg. Wer einmal ein bisschen dänische Atmosphäre schnuppern will, kann das sehr gut in Padborg tun. Natürlich sollte man ein Hot Dog probieren oder bei Bäcker Bang gleich bei der Bahnunterführung ein Stück Sahnetorte genießen. Seine Backwaren sind bis über die Grenze hinaus berühmt.

Essen und Trinken

Landhaus Schütt
Im Ortsteil Nübelfeld bekommt man ambitionierte Küche serviert.
Nübelfeld 34; Tel. 0 46 32/8 43 18
★★★ AmEx DINERS EURO VISA

Unewatt ■ B 2, S. 116

Das Landschaftsmuseum besteht aus vier Museumsinseln in einem historischen Dorf: Dort sind das Marxenhaus, die Buttermühle, die Christensen-Scheune und die Windmühle Fortune zu besichtigen. Das Dorf ist von Flensburg aus über die Bundesstraße B 199 in Richtung Kappeln zu erreichen.
April–Okt. Di–So 10–16 Uhr

Die Wikinger sind los: Alle zwei Jahre im August wird die Vergangenheit lebendig. Die Geschichte hat in der hübschen Schlei-Stadt unübersehbar ihre Spuren hinterlassen.

Schleswig   ■ B 3, S. 116

25 500 Einwohner
Stadtplan → S. 35

Schleswig hat nicht nur dem nördlichen Landesteil seinen Namen gegeben, die Stadt war auch lange Zeit die Regierungszentrale der beiden Herzogtümer. Kiel ist erst nach 1945 Hauptstadt geworden, selbst die Preußen hielten nach 1864 an Schleswig als Sitz der Provinzialregierung fest. Die Stadt beherbergt immer noch das **höchste Gericht** des Bundeslandes, und außerdem hat man ebenfalls nach 1945 die wichtigsten Museen in die Stadt an der Schlei verlegt. So kann man sagen, dass Schleswig heute eine Stadt der Kultur und der Verwaltung ist, mit einem Hang zum verschlafenen Provinzzentrum.

Schloss Gottorf war eine der europäischen Machtzentralen im 17. und 18. Jh., weil die Gottorfer Herzöge auch zugleich als Könige die damals bedeutende Macht Dänemark regierten. Sie ließen das Schloss ausbauen und einen Park anlegen, der zu den wichtigsten Barockgärten in Europa zählte. Heute ist die Pracht längst bis auf ein paar rudimentäre Überbleibsel verschwunden. Der große Weltgeist hat sich ebenfalls verflüchtigt, und so wird Schleswig von dem Gegensatz zwischen mächtigen Bauten wie dem Dom und dem Schloss auf der einen Seite und den kleinen Häusern der Fischer, Händler und Bürger auf der anderen Seite bestimmt. Der **Wikingturm** überragt alles, die Stadt, das Land und natürlich die Schlei mit der **Möweninsel**, auf der der erste Schleswiger Fürst seine

Herausragend: Der Dom von Schleswig ist einer der bedeutendsten Sakralbauten des Landes (→ S. 36).

Burg errchtet haben soll. Inzwischen hat man bei Grabungen herausgefunden, dass die erste Burg an der Stelle des heutigen **Grauen Klosters** lag. Der Weg Schleswigs von einer unbedeutenden Siedlung zu einer der wichtigsten Städte des Landes begann mit der Zerstörung der Wikingersiedlung **Haithabu** m südlichen Ufer der Schlei im Jahre 1066. Der Norweger Harald der Harte machte seinem Namen alle Ehre und brannte den über die Grenzen Europas hinaus bekannten Handelsplatz nieder. Haithabu versank im Schlamm, für Schleswig war der Weg zur Macht endlich frei.

Es war zu Beginn der Stadtgeschichte um das Jahr 1000 kein stürmischer Aufschwung, der sich da ankündigte. Schleswig hatte zwar auch schon existiert, als Haithabu bis hinein in den arabischen Raum bekannt wurde und ein Händler aus Arabien in seinen Aufzeichnungen notieren konnte, dass die Bewohner von Haithabu von einiger Rohheit wären und die schlechte Angewohnheit hätten, die Kinder, die sie nicht haben wollten, einfach im Moor umkommen zu lassen. Aber Schleswig war doch mehr eine unbedeutende Siedlung. Mit dem Fall der Wikingersiedlung wurde alles anders. Aus der kleinen Siedlung einzelner Fischer, die in ihren Hütten aus Stroh und Lehm mehr schlecht als recht ihr Auskommen fanden, wuchs in den folgenden Jahrhunderten eine Stadt, die es fast bis zu einer Metropole des Nordens gebracht hätte. Die gottorfschen Fürsten bauten in Konkurrenz zu den Bischöfen, die im Schleswiger Dom residierten, ihr **Schloss Gottorf** zu einer prachtvollen Residenz aus, die in Europa Rang und Namen hatte. Schleswig wurde langsam aber sicher zur Zentralstelle der Macht im Land, auch wenn Lübeck im Süden in wirtschaftlicher Hinsicht immer die weitaus potentere Stadt war. Aber das kümmerte die Schleswiger und ihre Herzöge kaum. Schleswigs Lage im Norden des Landes brachte es mit sich, dass die Stadt immer mehr in den skandinavischen Einflussbereich rückte. Das betraf vor allem die Politik, und spätestens als der Gottorfer Herzog in Personalunion auch das dänische Königreich regierte, war die Vermischung komplett. Die Irrungen und Wirrungen der großen Politik sollten nicht ohne Auswirkungen auf die Geschichte der Stadt bleiben. Denn als sich im 17. Jh. die herrschaftlichen Linien des dänischen Königshauses und der Herzöge von Gottorf wieder trennten und es sogar zu kriegerischen Auseinandersetzungen kam, geriet die Stadt in den Strudel der Ereignisse, die sie endgültig an den Rand der Weltgeschichte drängen sollte. Als sich die Gottorfer in einem der vielen Kriege an die Seite Schwedens gegen Dänemark stellten, war ihr Schicksal besiegelt. Dänemark blieb Sieger und rächte sich erbarmungslos. Gottorf wurde geplündert, das Schloss als Kaserne genutzt, aller Glanz war dahin. Schleswig versank als kleine Stadt im damaligen dänischen Reich in die Bedeutungslosigkeit, aus der die Stadt bis heute nicht mehr erwacht ist. Das hat ihr nicht unbedingt geschadet.

Heute ist die Kleinstadt vor allem für ihre Beschaulichkeit bekannt. Die Schlei ist das ideale Revier für Freizeitskipper. Wer Boote nicht leiden kann, für den gibt es das Fahrrad, das in der Gegend mit ihren sanften Hügeln und Knicks erfunden worden sein könnte.

Ein Wort zu den so genannten **Knicks**, diesen Erdwällen, die das ganze Land durchziehen. Vor zweihundert Jahren, als die Herzogtümer noch zu dem dänischen Königreich gehörten, verfügte seine Majestät in Kopenhagen, dass das Land, das bis

dahin den Bauern zusammen gehört hatte, also die so genannte Allmende, aufgeteilt werden sollte. Der Zweck war klar: In einer Zeit, in der noch kein künstlicher Dünger zur Verfügung standen und die Bürger immer mit einer Hungersnot zu rechnen hatten, musste jeder Flecken Erde so gut es eben ging genutzt werden. Die erste Bodenreform der Neuzeit, die diesen Namen verdient, brachte die Parzellierung der Landschaft mit sich. Damit jeder wusste, welches denn nun sein Stück Land war, befahl der König, die Äcker mit Erdwällen zu umgeben. Später wuchsen auf diesen Wällen Hecken und allerlei Sträucher. So entstanden jene kleinen Bio-Reservate am Rande der Felder, in denen heute oft vom Aussterben bedrohte Vogelarten nisten und seltene Käfer hocken. In den Jahren der Flurbereinigung schien es so, als würden diese in Jahrhunderten gewachsenen Erdwälle zerstört. Aber es kam wieder einmal anders als gedacht, und so zieren auch noch heute die Knicks die Landschaft. Heute weiß auch der letzte Bauer ihre Bedeutung zu schätzen. Denn sie erhalten nicht nur der Landschaft ihren idyllischen Charakter, sie verhindern auch, dass der Wind den Boden wegbläst.

Noch bis weit in die siebziger Jahre des 20. Jh. hinein waren die Dörfer am Nordufer der Schlei, die wie an einer Perlenkette gezogen dem Wasserlauf folgen, nur über Feldwege miteinander verbunden. Die Schleidörferstraße, die Schleswig mit Kappeln verbindet, brachte auch ein wenig Schwung in die abgelegenen Orte. Heute ist die Straße beinahe so etwas wie eine Rennstrecke geworden. Die Dorfjugend rast nur zu gern durch die Orte – hauptsächlich am Wochenende.

Ein bisschen hinterwäldlerisch sind die Bewohner dieses Land-

Schleswig

© MERIAN-Kartographie
Tel. 089.450 007.272

0 — 300 m

N

Holm
St. Johannis-Kloster
Süderholmstr.
Kund-Laward-Str.
Graues Kloster
Haus am Dom
Rathaus-markt
Rathaus
Hafenstr.
Olschewski's
Am Hafen
Süderdom-str.
Süderdom-str.
Dom
Königstr.
Plessenstr.

Holmer Noorweg
Holmer Noor
Mühlenbach
Klosterhofer Str.
Freinsches Haus
Lange Str.
Kattsund
Korn-markt
Michaeli-str.
Kapellenstr.
Bismarckstr.
Lutherstr.
Stadtweg
Schwarzer Weg
Königstr.

Altstadt

Neustadt
Moltkestr.
Jahn-platz
Kapelle
Bellingstr.
Juliensstr.
Chemnitzstr.
Stadt Flensburg
Stadt Flensburg
Hamburg
Kath. Kirche
Stadion
Suadicanistr.
Hesterberg
Hesterberg
Flensburger Str.
Flensburger Str.
Windallee
Schlei
Yachthafen
Strandhalle
Freizeitpark Königswiesen
Wiesenstr.
Luisenbad
Theater
Domziegelhof
Domziegel-hof
Schleistr.

Naturschutz-gebiet
Möwen-insel

Port Wiking
Wikingturm
Wikingeck
Caliusenstr.
Yachthafen
Camping Haithabu
Neuapost. Kirche
Gottorfer Hof
Gottorfstr.
Städtisches Museum
Friedrichstr.
Brockdorff-Rantzau-Str.
Gottorfer Damm

Waldhotel
Forsthaus Neuwerk
Neptun-brunnen
Königsallee
Schloßallee
Schloß Gottorf
Landes-museen
Nydam-Halle
Burg-
Schloßinsel

↑ Flensburg

strichs bis heute geblieben. Die Angeliter, wie die Einheimischen
heißen, geben sich gerne unnahbar
und wirken oft ein wenig arrogant.
Aber im Grunde haben sie den Wider-
stand gegen die Versuchungen der
Moderne natürlich längst aufgegeben. Für das Land Schleswig bieten
sich dafür neue wirtschaftliche Chan-
cen – der Tourismus ist eine davon.
Der Erholungssuchende kommt also
auf seine Kosten.

Hotels/andere Unterkünfte

Gottorfer Hof   ■ a 3
Gutbürgerliches Hotel mit einfachem
Standard.
Gottorfstr. 7; Tel. 0 46 21/9 39 90,
Fax 93 99 13; Internet:
www.gottorferhof.de; 60 Betten ★
EURO VISA

Haus am Dom   ■ e 2
Hotel garni in der Nähe des Rathaus-
platzes, das nur Frauen aufnimmt.
Töpferstr. 9; Tel. 0 46 21/2 13 88
12 Betten ★ ★

Stadt Hamburg   ■ b 1/b 2
Einfaches Hotel direkt an der Ein-
kaufsstraße in der Innenstadt.
Lollfuß 108; Tel. 0 46 21/90 40,
Fax 90 42 22; 59 Zimmer
★ AmEx EURO VISA

Strandhalle   ■ c 2
Hotel mit Schwimmbad und Sauna
am Yachthafen.
Strandweg 2; Tel. 0 46 21/90 90,
Fax 90 91 00; Internet: www.ringhotel-
strandhalle.de; 25 Zimmer
★ ★ AmEx EURO VISA

Waldhotel   ■ a 1
Das Haus liegt sehr ruhig bei Schloss
Gottorf, gute Küche.
Stampfmühle 1; Tel. 0 46 21/2 32 88,
Fax 2 32 89; 17 Betten ★ ★ EURO

Waldschlösschen   westlich ■ a 2
Das beste Haus am Platze mit
großem Anbau.
Kolonnenweg 152; Tel. 0 46 21/38 30,
Fax 38 31 05; Internet: www.waldschloess-
chen.de; 140 Betten ★ ★ ★ ★
AmEx DINERS VISA

Spaziergang

Rund um den in den Himmel ragen-
den **Dom** erstreckt sich die Altstadt
von Schleswig. Von dem Südportal
des Doms an der Süderdomstraße
geht es in die Töpferstraße. Wo die
Süderholmstraße auf die Töpferstraße trifft, biegt man links ab und
gelangt auf den **Rathausmarkt**, an
dessen Nordseite das historische
Rathaus steht, das mit den Resten
des Grauen Klosters zusammenge-
legt und restauriert wurde. Hinter
dem Rathaus verläuft die Markt-
straße nördlich in Richtung Lange
Straße. In der Langen Straße 9 steht
das schönste Bürgerhaus des Spät-
barocks. Geht man die Lange Straße
weiter, trifft man auf den **Gallberg**
mit einem Ensemble historischer Gebäude. Das »**Freinssche Haus**« am
Gallberg 3 wurde von dem herzoglichen Kellermeister Freins 1663 nach
holländischem Vorbild errichtet. Gallberg Nummer 4 ist der ehemalige
Schmiedehof. Vom Gallberg geht es
rechts in die Klosterhofer Straße und
dann wieder rechts in den Holmer
Noorweg. Beide Straßen begrenzen die
alte **Fischersiedlung Holm**, in der noch
immer ein Dutzend Fischer wohnen, die
ihr Tagwerk wie eh und je verrichten.
Besonders sehenswert: die Süderholmstraße, das Zentrum der Siedlung.

Sehenswertes

Dom   ■ e 2
Die ersten Mauern der dreischiffigen
gotischen Hallenkirche reichen bis
ins 11. Jh. zurück. Die heutige Gestalt
entstand aber im Wesentlichen im

15. Jh., als die katholische Kirche auf dem Höhepunkt ihrer wirtschaftlichen und politischen Macht war. Der Turm mit seinen 112 m Höhe wurde 1894 aufgesetzt. Er war ein Geschenk des deutschen Kaisers, der seiner neuen Provinz etwas geben wollte, was sie bis dahin noch nicht hatte. Weltberühmtes Kunstwerk im Inneren ist der **Bordesholmer Altar**, der 1514 bis 1521 von Hans Brüggemann geschnitzt wurde, ein Meisterwerk mit 392 Figuren und einer Höhe von 16 m. Der kostbare Altar ist Ende des 20. Jh. aufwendig restauriert worden. Sehenswert sind außerdem der mittelalterliche **Dreikönigsaltar**, das **Grabmal** des dänischen Königs Frederik I. und das Gemälde **Blaue Madonna** von dem Rembrandt-Schüler Jürgen Ovens.

Fischersiedlung Holm ■ e 2/f 2
Die eigentliche Attraktion der ehemaligen Siedlung der Fischer Schleswigs ist der kleine **Friedhof**. Selten ist ein Gottesacker so anmutig gestaltet worden, und selten fügt sich ein Friedhof so harmonisch in seine Umgebung. Die Menschen haben mit dem Tod gelebt, der für sie ein alltäglicher Begleiter war. Ein Baumkranz umgibt die Gräber der Fischer, auch heute noch werden hier Menschen beerdigt.

Am besten ist es, wenn man einfach durch die Straßen mit den kleinen Häusern wandert und sich von der Atmosphäre gefangen nehmen lässt. Fischer gibt es auf dem Holm nur noch ein knappes Dutzend.

Neuwerk ■ a 1
Nördlich vom Schloss Gottorf liegt Neuwerk, der einstige Barockgarten des Schlosses, dessen Pracht in ganz Europa berühmt war. Als der Gottorfer Herzog zum dänischen König gekrönt worden war und seine Residenz nach Kopenhagen verlegte, endete die Blütezeit des Schlosses – und des Gartens. Heute sind nur noch der **Neptunbrunnen** und ein **korinthischer Tempel** übrig geblieben. Die Terrassen der Anlage sind zwar noch in ihren Grundzügen zu erkennen, aber inzwischen vollständig von städtischem Forst bedeckt.

Rathaus ■ e 1/e 2
Der klassizistische Bau hinter dem Dom in der Altstadt wurde 1794 an der Stelle errichtet, an der die Klosterkirche des ehemaligen Franziskanerklosters stand. Im Inneren des Gebäudes, das nach der Sanierung vor wenigen Jahren mit den Resten des Klosters verschmolzen wurde, hat sich der ehemalige **Ständesaal** erhalten. Von dem Kloster selbst sind

MERIAN-Tipp

Arnis hat 600 Einwohner und ist damit die kleinste Stadt Schleswig-Holsteins. Die Stadtrechte wurden 1934 verliehen. Im Grunde besteht Arnis aus nur einer Straße, der Langen Reihe. In Nr. 13 steht eine Fachwerk-Saalkirche von 1669 mit Renaissancekanzel und Votivschiffen aus dem 18. und 19. Jh. Die Gründung des Ortes verdankt Arnis dem Gutsherren von Rumohr, der als Herr über Kappeln 1667 von seinen Untergebenen der Huldigungseid und der Leibeigenschaft verlangte. 62 Familien weigerten sich, den Eid zu leisten, und zogen auf die damalige Schlei-Insel, die heute mit dem Land verbunden ist. ■ D 3, S. 116

nur noch ein paar Mauern, der Haupteingang und Reste des Kreuzganges erhalten. Im Tagungssaal lohnt ein Blick auf die expressionistischen Wandgemälde des Schleswiger Malers Kai Nebel.

Wikingturm ■ b 3

Der Wikingturm aus den siebziger Jahren ist vor allem eines: überragend. Am Anfang war er nichts weiter als eine Bauruine, bis sich dann doch noch ein Käufer fand. Heute befinden sich in dem Turm, der allgemein als Bausünde betrachtet wird, ausschließlich Eigentumswohnungen. Einen Vorteil hat der Turm aber doch: Von seinem Café hat man einen herrlichen Blick über die Schlei, die Stadt und das Umland.

Museen

Schloss Gottorf 👥 ■ a 2

In der ehemaligen Residenz der Herzöge von Schleswig-Holstein-Gottorf ist das Schleswig-Holsteinische Landesmuseum untergebracht, die Zentralstelle aller Museen und gleichzeitig das wichtigste Museum im Land. Angeschlossen sind Schloss Gottorf das Archäologische Landesmuseum der Christian-Albrecht-Universität in Kiel sowie die Dependancen in Haithabu und Cismar. Das Archäologische Landesmuseum verfügt über die umfangreichsten Sammlungen zur Vor- und Frühgeschichte in Deutschland. Das Landesmuseum mit seiner umfangreichen Sammlung zur Kunst- und Kulturgeschichte Schleswig-Holsteins kann mit Höhepunkten wie dem **Nydam-Boot** in der Nydam-Halle aus der Zeit der Wikinger und einigen Moorleichen, die schon Generationen von Schulklassen das Gruseln gelehrt haben, aufwarten.

Im ehemaligen Reitstall der Schlossanlage hat man ein Museum für moderne Kunst eingerichtet, das

sich durch seine Wechselausstellungen auch über die Landesgrenze hinaus einen Namen gemacht hat.
Internet: www.schloss-gottorf.de;
April–Okt. tgl. 9–17 Uhr, Nov.–März tgl. 9.30–16.30 Uhr, Mo geschl.

Städtisches Museum ■ a 3

Das Museum ist in einem ehemaligen Adelspalais untergebracht, das im 17. Jh. für eine persische Gesandtschaft am Gottorfer Hof errichtet worden ist. Es widmet sich vor allem der Geschichte der Stadt und ist durch Ausstellungen bekannt geworden, die sich kritisch mit der eigenen Vergangenheit auseinandersetzen. Sehenswert sind vor allem die umfangreiche Sammlung von Spielzeugen und eine restaurierte historische Druckerei mit Setz- und Druckmaschinen.
Internet: www.stadt-schleswig.de;
Friedrichstr. 7–11; Di–So 10–17 Uhr

Essen und Trinken

Olschewskis ■ e 2

Das noble Restaurant am Hafen mit Terrasse hat sich auch auf Fischgerichte spezialisiert, die garantiert frisch auf den Tisch kommen.
Hafenstr. 40; Tel. 0 46 21/2 55 77
★★ AmEx EURO

Schleimöwe ■ f 2

Fisch ist hier das Wichtigste auf der Speisekarte. Das Ambiente ist typisch für die Fischersiedlung (auf dem Holm). Spezialität: Hering.
Am Süderholm 8; Tel. c 46 21/2 43 09
★★ (keine Kreditkarten)

Senator-Kroog M ■ e 2

Das Restaurant am Rathausmarkt bietet reichlich Fisch- und Fleischgerichte, wobei das Hauptgewicht auf Fleisch liegt. Die Zubereitung ist meist etwas deftig.
Rathausmarkt 9; Tel. 0 46 21/2 22 90
★★ (keine Kreditkarten)

Oben: Die beschauliche Atmosphäre in Arnis (→ S. 37), der kleinsten Stadt Schleswig-Holsteins, ist ein wohltuender Kontrast zum Touristentrubel an den großen Stränden.

Mitte: Imposant anzuschauen ist das Schlossgebäude in Gottorf, heute ein viel besuchtes Museum mit Exponaten aus Kunst- und Kulturgeschichte.

Unten: Romantische Abendstimmung an der Schlei. Fischreusen trocknen in der untergehenden Sonne.

Stadt Flensburg ■ c 1
Restaurant mit gutbürgerlicher
Küche.
Lollfuß 102; Tel. 0 46 21/2 39 84
★ ★ AmEx DINERS EURO VISA

Einkaufen

Haupteinkaufsstraße ist der so genannte Stadtweg Richtung Bismarck-
bzw. Plessenstraße. Rund um den
Kornmarkt findet man kleine Spe-
zialläden und alteingesessene Geschäfte.

Am Abend

Das Nachtleben ist in Schleswig nicht
gerade erfunden worden. Abwechs-
lung bietet das Stadttheater, an dem
die Truppe des Landestheaters häufig gastiert, oder aber die kleinen
Kneipen im Stadtkern.

Service

Auskunft
Touristeninformation ■ d 2
Plessenstr. 7; Tel. 0 46 21/98 16 16;
Internet: www.schleswig.de

Camping südöstlich ■ b 2
Haddeby; Tel. 0 46 21/3 24 50

Reiten
Reitsportzentrum
Husumer Str.; Tel. 0 46 21/2 16 66

Schleifahrten
Ab Stadthafen
Tel. 0 46 21/80 10 oder 2 75 30

Theater
Lollfuß 49–53; Tel. 0 46 21/2 59 89
Spielzeit Mitte Sept.–Ende Mai

Ziele in der Umgebung

Damp ■ D 3, S. 117
1500 Einwohner

Der kleine Ort, 17 km nordöstlich von
Eckernförde, ist seit 1973 ein modernes Badeparadies. Damp 2000 nennt
sich diese Ferieneinrichtung, die
nicht nur den Ort, sondern auch den
3 km langen Sandstrand dominiert.
Dank des Freizeitbades »Aqua Tropi-
cana« ist Damp ganzjährig geöffnet.
Wer etwas Ruhe sucht, findet sie bei
einem Ausflug zum etwa 1 km von
Damp entfernten barocken Herrenhaus von **Gut Damp**. Die Innenräume
sind leider nicht zu besichtigen.

Service

Auskunft
Information
Seeuferweg
Tel. 0 43 52/8 06 66

Dannewerk ■ B 3, S. 116

Das Danewerk trennte das Deutsche
Reich vom dänischen Reich. Gottrik,
König von Dänemark, ließ im 8. Jh. einen Verteidigungswall anlegen, um
Karl dem Großen, seinem Gegenspie-
ler, Paroli bieten zu können. In späte-
rer Zeit wurde der nach **Haithabu**
führende Wall errichtet. Ausbauten,
insbesondere die vorgesetzte Ziegel-
steinmauer Waldemars aus dem
12. Jh., machten das Danewerk zu einem der wichtigsten fortifikatori-
schen Bauten im Norden Europas.

Eckernförde ✱✱ ■ C 3, S. 116
23 100 Einwohner

Eckernförde ist eine der größeren
Städte im Land, aber man merkt es
dem Ostseebad nicht so richtig an.
Hier herrscht Familienatmosphäre,
der Hafen hat seine Geschäftigkeit
abgelegt, und auch die Aktivitäten

der Bundesmarine, die hier eine Torpedoversuchsstation unterhält, sind merklich weniger geworden. Südlich der Altstadt erstreckt sich auf 4 km einer der kinderfreundlichsten Sandstrände Schleswig-Holsteins, wahrscheinlich säumt auch aus diesem Grund eine dicht geschlossene Reihe von Eigentumswohnungen die Strandpromenade. Eckernfördes eigenwilligstes Bauwerk ist ein **Getreidesilo** von Hans Hansen aus dem Jahr 1930, ein dreizylindriger Backsteinbau, der sich an expressionistischer Architektur orientiert. Das alte Rathaus im Kern aus dem 16. Jh. hat man zu einem ansehlichen **Heimatmuseum** ausgebaut. In den Kuranlagen am Hafen finden sich noch Erinnerungsstücke aus der Zeit des schleswig-holsteinischen Aufstandes gegen die Dänen.

Faszinierende Spurensuche für Jung und Alt: Wikingermuseum Haithabu (→ S. 42).

Hotels/andere Unterkünfte

Seelust
Gutbürgerlicher Standard direkt am Badestrand.
Preußerstr. 3; Tel. 0 43 51/50 75
130 Betten ★ ★ EURO VISA

Strandhotel »Kiek in de See«
Im Restaurant eine Sammlung historischer Schiffsmodelle.
Am Südstrand 5; Tel. 0 43 51/29 56
24 Betten ★ ★

Essen und Trinken

Eckernförder Fischdeel
Fischspezialitäten in gemütlicher Umgebung bei eher rustikaler Atmosphäre.
Kattsund 22; Tel. 0 43 51/56 51 ★ ★

Ratskeller
Wild und Fisch in historischen Räumen. Einen Blick lohnt die Weinkarte, auch wenn das Angebot landestypisch knapp ausfällt.
Am Rathausmarkt; Tel. 0 43 51/24 12
★ ★ EURO VISA

Einkaufen

Fischräucherei Rehbehn und Kruse
Jungfernstieg 19

Nemo Galerie im Bootshaus
Die Galerie hat sich auf Kunst aus
dem Norden spezialisiert und genießt einen überregionalen Ruf.
Am Südstrand 1; Tel. 0 43 51/71 25 00

Service

Auskunft
Kurverwaltung
Am Exer 1; Tel. 0 43 51/7 17 90

Haithabu 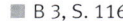 ■ B 3, S. 116

Die Wikinger waren ein nicht nur
kriegerisches, sondern auch ein sehr
vorsichtiges Völkchen. Ihre Siedlung
Haithabu am Südufer der Schlei, von
der aus die Wikingerkönige eine Zeit
lang regierten, liegt versteckt am
Haddebyer Noor, einem kleinen Bin-
nensee. Hier fand man 1979 die
Überreste eines Handelsschiffes aus
der Zeit um 1000, als Haithabu Knotenpunkt im Handelsverkehr war.
 Das Schiff wird im **Wikingermuseum Haithabu** restauriert. Interessant ist auch die architektonische
Struktur des Museumsbaus, der
1985 in Form von sieben auf den
Rücken gedrehter Boote gebaut wurde und die Sammlung optisch ein-
drucksvoll präsentiert. Das Museum
vermittelt einen umfassenden
Überblick von Leben und Sterben in
der Wikingerstadt, über die man
selbst in arabischen Schriften Zeug-
nisse gefunden hat. Erforscht wurde
die Siedlung aber erst ab 1900, nachdem ein dänischer Archäologe ihr auf
die Spur gekommen war. Grabungen
mit Kulturfunden bestätigten dann
seine Annahme.
April–Okt. tgl. 9–17 Uhr, Nov.–März Di–So
9.30–16 Uhr

Jübek ■ A 3, S. 116

2300 Einwohner

Jedes Jahr Anfang Juli veranstaltet ein
privater Verein nicht ganz uneigen-
nützig das einzige Rockspektakel in
Schleswig-Holstein. In dem kleinen
Ort, 15 km westlich von Schleswig,
finden 20 000 Rockbegeisterte Platz,
ohne die Einheimischen zu stören.
Der Ort ist außerdem bei Motorsport-
lern für seine Sandbahnrennen ein
Begriff.

Kappeln ■ D 2, S. 117

10 100 Einwohner

Die Stadt am Ende der Schlei wird
von der 32 m hohen Holländermühle
Amanda von 1888 beherrscht, in der
heute das Touristenbüro untergebracht ist. Die Stadt hat sich eine
Reihe von historischen Gebäuden
aus dem 18. und 19. Jh. erhalten. Die
Kirche ist ein achteckiger Ziegelbau
mit barockem Turmaufsatz und einem Altar von Hans Gudewerdt dem
Jüngeren. In der Kappelner Schlei
steht der letzte Heringszaun des Landes, in dem sich immer noch die
Schwärme fangen. Und weil der Heringszaun eine solche Attraktion ist,
feiert man in Kappeln jedes Jahr die
Kappelner Heringstage. Serviert wird
in den Gaststätten – wie sollte es anders sein – jede Menge Hering.

Hotels/andere Unterkünfte

Aurora Ⓜ Ⓜ
Das beste Haus am Platze direkt am
Rathausmarkt. Wer den »Landarzt«
gesehen hat, wird die Szenerie wie-
der erkennen. Gepflegte Küche.
Rathausplatz 6; Tel. 0 46 42/40 88
★ ★ AmEx EURO VISA

*Wenn in Kappeln die Heringstage ge-
feiert werden – also jedes Jahr Ende
Mai –, kommen Fischliebhaber voll
auf ihre Kosten (→ S. 109).*

Service

Auskunft
Tourist-Information
Schleswiger Str. 1; Tel. 0 46 42/8 13 83

Maasholm
■ D 2, S. 117

700 Einwohner

Der Fischerort am Ausgangspunkt der Schlei, 10 km östlich von Kappeln, ist ein beliebter Ausflugsort. Es lässt sich wunderbar zwischen den restaurierten Reetdachkaten flanieren. Von Maasholm aus starten Hochseeangelfahrten auf die Ostsee, von hier fahren Ausflugsschiffe nach Dänemark.

Essen und Trinken

Martensen's Gasthof
Hier werden stets frische Fischspezialitäten geboten.
Hauptstr. 38; Tel. 0 46 42/60 42

Schleihalle
Auch hier kommen Fischliebhaber voll auf ihre Kosten.
Westerstr. 113; Tel. 0 46 42/62 62

Service

Hochseeangelfahrten
Fredi Bruhn; Am Hafen; Tel. 0 46 42/60 62

Naturpark Hüttener Berge
■ B 4/C 4, S. 116

Westlich von Eckernförde liegt das Naherholungsgebiet Hüttener Berge. In diesem Naturpark, einem von fünf im Land, mit seinen Wäldern, Flüssen und Ausflugslokalen erhebt sich die nach dem **Bungsberg** in der Holsteinischen Schweiz zweithöchste Erhebung Schleswig-Holsteins mit stolzen 106 m. Das Dorf Ascheffel, ebenfalls in den Hüttener Bergen, verfügt mit dem 98 m hohen **Aschberg** über die dritthöchste Erhebung im Land. Auf dem Aschberg steht seit 1927 eine Bismarckstatue, die im Jahr 1900 auf dem Knivsberg bei Apenrade errichtet wurde. Als Apenrade 1920 dänisch wurde, musste der kriegerische Reichskanzler auf den Aschberg weichen.

Sieseby
■ C 3, S. 116

250 Einwohner

In dem kleinen Schleidorf, 25 km östlich von Schleswig, ist es nicht nur schön, hier kommen auch Feinschmecker zu ihrem Recht. Lohnend ist ein Blick in die reizvoll oberhalb der Schlei gelegene Feldsteinkirche (1200). Drinnen sind eine Renaissancekanzel und Überreste von Ausmalungen zu sehen.

Essen und Trinken

Schlie-Kroog
→ MERIAN-Tipp, S. 14

Süderbrarup
■ C 3, S. 116

In dem Landort, 25 km nordwestlich von Schleswig, findet jedes Jahr der größte Land-Jahrmarkt ganz Schleswig-Holsteins statt. Von Kappeln fährt eine Museumsbahn nach Süderbrarup, man kann aber auch den entgegengesetzten Weg nehmen. Auskunft darüber gibt die **Angelner Dampfeisenbahn** (Nestleweg; Tel. 0 46 42/2 93 48). An Sehenswürdigkeiten hat Süderbrarup die Feldsteinkirche St. Jacobus mit einem markanten neogotischen Turm und das Thorsberger Moor zu bieten. Hier entdeckten Archäologen eine reiche Fundstätte mit Opfergaben aus der Stein- und Bronzezeit.

Oben: Das idyllische Städtchen Kappeln (→ S. 42) hat noch mehr touristischen Zulauf gefunden, seitdem es als Drehort der beliebten Fernsehserie »Der Landarzt« bekannt wurde.

Mitte: Die steife Brise an der Trave lockt vor allem fortgeschrittene Segler auf die Planken. Wer erst mal einen Schnuppertörn wagen will, findet aber auch das passende Revier.

Unten: Mit vollen Netzen zurück in den Hafen von Maasholm...

Das »Tor nach Skandinavien«

wird Deutschlands nördlichste Landeshauptstadt auch gerne genannt. Nach Kiel kam man
schon immer des Wassers wegen.

Kiel

■ D 4, S. 117

233 800 Einwohner
Stadtplan → Klappe hinten

» **K**iel hat kein Geld, das weiß die Welt. Ob's noch was kricht, das weiß man nicht.« Seit 1911 bimmelt das Glockenspiel des mächtigen Rathausturms diese Melodie über die Dächer der Stadt. In der Tat, anders als in Lübeck war es nicht hanseatisches Kaufmannsgeschick, das der Stadt bürgerlichen Reichtum, Größe und Ansehen verschaffte. Es war vielmehr eine militärische Entscheidung, die dem ehemals kleinen Ostseestädtchen einen unverhofften Aufschwung bescherte. Wilhelm I. erklärte Kiel 1865 zum **preußischen Marinehafen**, 1871 zum **Reichskriegshafen**. »Des Kaisers Ankerplatz« hieß die Stadt fortan. Die Einwohnerzahl stieg von 24 000 im Jahr 1867 auf über 200 000 zu Beginn des 20. Jh. an. Werftindustrie und Marine bestimmten den »Kurs« der Stadt, teilweise bis heute.

1918 meuterten die Matrosen, ein Fanal für die Novemberrevolution in Deutschland. Nach arbeitslosen Zeiten in den weniger goldenen zwanziger und dreißiger Jahren war es erneut die Rüstungsindustrie, diesmal der Nationalsozialisten, die Kiel boomen ließ. 300 000 Einwohner zählte die Fördestadt Anfang der vierziger Jahre, so viele wie niemals zuvor oder danach. Marine und Werften – Segen und Fluch zugleich.

Überhaupt das Wasser. Es ist das belebende Element der Stadt, man könnte auch sagen, ihr Lebenselixier, erinnert sei noch einmal an die Werften und die Marine, die besonders von Ende des 19. bis zur Mitte des 20. Jh. die bestimmenden Faktoren waren. Heute hat sich die wirtschaftliche Bedeutung der größten Werft Kiels, der Howaldts Werft, einigermaßen verloren. Die Promenaden von Kiel zählen heute zum touristischen Kapital der Stadt, die ansonsten eher zu den hässlichen Entlein im Land der stolzen Schwäne gerechnet werden muss. Ihre Schönheit hat die Stadt aber nicht nur im Krieg verloren. Wer sich ein bisschen in der Stadtgeschichte umtut, wird schnell entdecken, dass vor den Bomben andere Kräfte einiges in Schutt und Asche gelegt haben. Bis in die zwanziger Jahre hinein hatte Kiel noch einen relativ dichten historischen Baubestand. Dann aber setzte die Moderne m t Macht ein, und die Stadtväter ließen Schneisen in das gewachsene Geflecht der Stadt hauen. Was an historischen Gebäuden diesen Kahlschlag überstand, ging im Inferno des Zweiten Weltkriegs unter. Aber selbst danach versuchte die Stadt mit allen Mitteln, auch noch das letzte historische Überbleibsel zu vernichten. Die ehemalige Fischauktionshalle am Hafen, heute als Museum eine touristische Attraktion ersten Ranges, sollte wie das Lagerhaus am Hafen abgerissen werden. Nur geballter Bürgerprotest konnte das verhindern.

Das **Hindenburgufer** auf der Westseite der Kieler Förde gilt als eine der schönsten Wasserpromenaden Deutschlands. Die Kunsthalle, der Botanische Garten, das Institut für Meereskunde und natürlich der Landtag, das alles findet sich an der Flaniermeile. Am Ende wartet dann der Liegeplatz des Segelschulschiffes »Gorch Fock«. Und es ist schon ein Erlebnis, mit einer der Hafenfähren über die Förde zu schippern, hinter sich die Schleusen des Nord-Ostsee-Kanals bei Holtenau, links

An der Kieler Woche haben auch die Kleinen ihren Spaß.

das Marine-Ehrenmal von Laboe im Augenwinkel, vor sich das Stadtpanorama und die Werftenkräne.

Ende des Zweiten Weltkriegs legten alliierte Bomber über achtzig Prozent der Stadt in Schutt und Asche. Wunden wurden gerissen, die Kiel im Stil der sechziger und fünfziger Jahre versuchte zu beheben. Von wenigen Ausnahmen abgesehen prägt heute praktisch-moderne Nachkriegsarchitektur das Gesicht der Stadt. So kommt man eher des Wassers wegen nach Kiel. Des Wassers wegen ließ auch Graf Adolf IV. von Schauenburg seine Holstenstadt »tom Kyle« 1242 auf der Halbinsel eines Fördearms anlegen. Wie gehabt »des Wassers wegen« kam Wilhelm I. mit der Marine. Und die Sportler trugen hier 1936 und 1972 die olympischen Segelwettkämpfe aus. Die maritime Atmosphäre ist es, die den Reiz der Stadt ausmacht.

Kiel ist eine junge Stadt, jeder zehnte Einwohner studiert an Universität oder Hochschule. Mitarbeiter des Forschungsinstituts »Geomar« erforschen von hier aus die Weltmeere. Wissenschaftler des Instituts für Weltwirtschaft erstellen hier ihre Konjunkturgutachten für die Bundesregierung.

Rau aber herzlich, zu Kiel passt dieser Slogan wie maßgeschneidert. Davon kann sich wer will überzeugen, wenn wie in jedem Jahr im Juni die **Kieler Woche** die Stadt belebt. Dann geht der Kieler ganz aus sich heraus, und man fragt sich, wo er sich eigentlich das Jahr über versteckt gehalten hat. Die Kieler Woche ist der Karneval des Nordens im Klein-Rio des Nordens. Eine Woche wird verrückt gespielt, danach geht alles wieder seinen betont nüchternen Gang. Kein Wunder, dass auch in der Politik der große Klare aus dem Norden (Ex-Ministerpräsident Gerhard Stoltenberg) eine gewisse

Berühmtheit erlangte, und auch Heide Simonis zeichnet sich durch eine gewisse Nüchternheit aus. Lassen wir es dabei: Kiel ist klar und nicht schön – so ähnlich wie der schwarze Kubus des Stadttheaters. Aber irgendwie doch imponierend.

Kiel ist natürlich mit den Namen Uwe Barschel und Rainer Pfeiffer verbunden. Der Politskandal, der die Republik erschütterte, den ehemaligen Ministerpräsidenten Barschel aus dem Landtag katapultierte und am Ende in den Selbstmord trieb, was bis heute nicht zweifelsfrei geklärt ist, die SPD nach über dreißig Jahren CDU-Regierung an die Macht brachte und schließlich in seinen Nachwehen auch den Kanzlerkandidaten der SPD, Björn Engholm, zu Fall brachte, hat das Land zwischen den Meeren und seine Hauptstadt wieder ins Gespräch gebracht. Denn bis dahin, so eigenartig sich das auch anhören mag, hat die Perle an der Ostsee eigentlich den Schlaf der Gerechten geschlafen, verglichen mit anderen Landeshauptstädten.

Kiel war eine Stadt an der geografischen und politischen Peripherie der Bundesrepublik Deutschland. Das Ende des Kalten Krieges änderte die Situation. Heute ist Kiel nicht nur der Knotenpunkt im Warenverkehr mit dem gesamten skandinavischen Raum, sondern vor allem Brücke in die baltischen Länder und natürlich nach Russland. Die Fähren fahren schon seit einiger Zeit wieder nach Kaliningrad, das frühere Königsberg, und nach St. Petersburg, und der Frachtverkehr hat sich auch eingependelt. Ein bisschen scheint es noch zu dauern, bis auch der ganz normale Personenverkehr über die Ostsee wieder in Gang kommt, aber die Entwicklung ist absehbar. Kiel kann Mittelpunkt des Handels mit Skandinavien und dem Baltikum werden, eine Drehscheibe, ähnlich wie es im Mittelalter die Hansestadt Lübeck gewesen ist.

Aber Kiel wäre nicht Kiel, wenn die Stadt nicht immer auch etwas Kleinstadt bleiben würde. Man gehe nur irgendwann im Oktober, im Februar oder auch noch im April durch die Straßen im Zentrum. Nirgends eine Spur von Hektik, die Förde liegt mehr oder weniger beschaulich da, die großen Pötte verlassen mit der Regelmäßigkeit eines Herzschrittmachers den Hafen. Auch über Kiel liegt die Melancholie, die von jeder Hafenstadt ausgeht.

Hotels/andere Unterkünfte

Achtern Wind ■ b 5
Sehr ordentliches Haus am Rande der Innenstadt.
Muhliusstr. 95; Tel. 04 31/98 68 00, Fax 9 86 80-2 90; 56 Betten
★ bis ★ ★ AmEx DINERS EURO VISA

Astor ■ c 6
Hotel im Zentrum/Fußgängerzone.
Am Holstenplatz 1–2; Tel. 04 31/9 30 17, Fax 9 63 78 AmEx DINERS EURO VISA

Berliner Hof südlich ■ c 6
Hotel am Bahnhof.
Ringstr. 6; Tel. 04 31/6 63 40, Fax 6 63 43 45; Internet:
www.kieler-altstadt.de; 140 Betten ★ bis ★ ★ AmEx EURO VISA

Düvelsbek garni ■ c 1
Ruhiges Haus in einer Wohngegend.
Feldstr. 111; Tel. 04 31/88 66 70, Fax 8 86 67 60; Internet:
www.hotel-duevelsbek.de; 70 Betten
★ AmEx EURO VISA

Erkenhof ■ d 5
Zentral gelegenes, ruhiges Hotel.
Dänische Str. 12–16; Tel. 04 31/97 10 90, Fax 9 71 09 10; 51 Betten
★ ★ AmEx DINERS EURO VISA

Kieler Yacht Club M ■ f 2
Exklusives Haus direkt am Wasser.
Hindenburgufer 70; Tel. 04 31/8 81 30, Fax 8 81 34 44; Internet:
www.yachtclub.bestwestern.de; 100 Betten ★ ★ ★ AmEx DINERS EURO VISA

Maritim Bellevue nördlich ■ e 1
Kongresshotel mit schönem Blick über die Förde.
Bismarckallee 2; Tel. 04 31/3 89 40, Fax 33 84 90; Internet: www.maritim.de; 185 Betten ★ ★ ★ AmEx DINERS EURO VISA

Parkhotel Kieler Kaufmann M M
■ e 2
Traditionshotel mit eigenem Park und guter Küche.
Niemannsweg 102; Tel. 04 31/8 81 10, Fax 8 81 11 35; Internet: www.ringhotel.de; 75 Betten ★ ★ ★ AmEx DINERS EURO VISA

Rabe's Hotel südlich ■ a 6
Zentral gelegenes Minotel.
Ringstr. 30; Tel. 04 31/66 30 70, Fax 6 63 07 10; 43 Betten
★ AmEx DINERS EURO VISA

**Steigenberger Hotel
Conti Hansa** ■ d 5
Steigenberger Hotel mit allem Luxus, gegenüber dem Oslo Kai.
Schlossgarten 7; Tel. 04 31/5 11 50, Fax 5 11 54 44; Internet:
www.steigenberger.de; 296 Betten ★ ★ ★ AmEx DINERS EURO VISA

Spaziergang

Wir beginnen unseren Gang am Alten Markt (St. Nikolaikirche) und gehen durch die Dänische Straße an »Warleberger Hof« und Schloss vorbei in den Schlossgarten. Vor der **Kunsthalle** überqueren wir die Fußgängerbrücke zur **Kiellinie**. Auf der Uferpromenade angelangt, werfen wir einen Blick ins **Aquarium** und auf die Seehunde, spazieren am Landeshaus vorbei, dem Sitz der Schleswig-Holsteinischen Landesregierung und verschiedener Ministerien. Wir lassen die Blücherbrücke, die Heimatliegestelle des Segelschulschiffs »Gorch Fock«, rechts liegen und gehen am **Hindenburgufer** (Kieler Yacht Club) bis zur **Bellevuebrücke,** von der man einen herrlichen Blick auf die gesamte Förde hat.

Sehenswertes

Alter Botanischer Garten   ■ d 4
Wunderschöne Gartenanlage von 1669 und damit einer der ältesten Botanischen Gärten Deutschlands.

Franziskanerkloster   ■ c 5
Einer der wenigen Überreste des mittelalterlichen Kiel. Erhalten sind aber nur noch der Westflügel des Kreuzgangs mit dem Refektorium (13. Jh.) und der Grabstein des Stadtgründers Graf Adolf IV. von Schauenburg.

Fußgängerzone   ■ b 6/c 6
Beim Bummel durch die Holstenstraße – Deutschlands älteste Fußgängerzone aus dem Jahre 1957 – trifft man auf eine Bronzeplastik des Kieler Altbürgermeisters Asmus Bremer. Er sitzt auf einer Bank, lebensgroß und lebensnah. Die kulinarischen Botschafter der Stadt, goldene Kieler Sprotten, hier allerdings aus Messing, sind in den Boden eingelassen.

Nikolaikirche   ■ c 5
Von der ursprünglich im 13. Jh. gebauten dreischiffigen Backstein-Hallenkirche sind nur noch bescheidene Reste erhalten. Die Kirche wurde nach dem Zweiten Weltkrieg vollkommen neu gestaltet. Im Innern der geschnitzte Erzväteraltar von 1460 und eine Bronzetaufe von 1344. An der Fassade neben dem Haupteingang die bronzenen »Geistkämpfer« von Ernst Barlach.

Rathaus   ■ b 5/b 6
Das Wahrzeichen Kiels hat den Krieg relativ unbeschädigt überstanden. Gebaut wurde es in den Jahren 1907 bis 1911 im strengen Jugendstil. Von seinem 106 m hohen Turm (Fahrstuhl) hat man einen schönen Blick über die Stadt und Förde. Im Innern: Ratsherrenzimmer im reinsten Jugendstil.

Schleusenanlage Holtenau
                    nördlich ■ c 1
Der 1896 eröffnete Nord-Ostsee-Kanal gilt immer noch als die meistbefahrene künstliche Wasserstraße der Welt. Rund 30 000 Schiffe – vom Segelschiff bis zum Riesenpott – passieren jährlich die Holtenauer Schleusen. Auf der Kanalnordseite gibt es Führungen über die alten und neuen Schleusenanlagen und das Kanalmuseum.

Schloss   ■ d 5
Das Kieler Schloss befindet sich an der Stelle, wo früher die landesherrliche Burg stand. Nach seiner Zerstörung 1944 blieb nur der so genannte Rantzaubau von 1695 erhalten. Der Neuaufbau des Schlosses erfolgte in den sechziger Jahren.

Schrevenpark   ■ a 4/a 5
Der 1901 angelegte Park mit seinen großen alten Bäumen ist nicht nur eine grüne Lunge Kiels. Mit seinen rund 600 einheimischen und exotischen Enten, Gänsen und Schwänen gilt er auch als Europas größtes Wasservogel-Freigehege.

Museen

Institut für Meereskunde mit Aquarium   ■ e 4
Fische und Schaltiere aus Nord- und Ostsee und Seehunde.
Düsternbrooker Weg 20; tgl. 9–19 Uhr, im Winter 9–17 Uhr

Oben: In Schilksee dümpelt ein Vermögen im Wasser, denn hier treffen sich die weltbesten Segler (→ S. 54).

Mitte: Nostalgisch mutet die Landapotheke im Freilichtmuseum Molfsee an (→ S. 54).

Unten: Kiel hat nur wenige klassische Sehenswürdigkeiten zu bieten – ein Shoppingbummel im riesigen überdachten Einkaufszentrum Sophienhof (→ S. 53) hat zweifellos auch seine Reize.

Kunsthalle   ■ d 4
Eines der bedeutendsten Museen für
die Kunst des 20. Jh. in Schleswig-
Holstein. Gemäldegalerie, Graphi-
sche Sammlung und Bibliothek.
Düsternbrooker Weg 1–3; Di, Do, Fr, Sa
10–18 Uhr, Mi 10–20, So 10–17 Uhr

Schifffahrtsmuseum mit
Museumshafen   ■ d 5/d 6
Vor der Fischhalle von 1910 liegen
alte Schiffe – von der historischen
Hansekogge bis zum Dampfschiff. Im
Innern: Geschichte des Hafens sowie
Maritimes und Kurioses aus der
christlichen Seefahrt.
Wall 65; tgl. 10–18 Uhr, im Winter Di–So
10–17 Uhr

Stadtmuseum im Warleberger Hof
                               ■ d 5
Stadtgeschichtliche Wechselausstel-
lungen im einzigen noch erhaltenen
Kieler Adelshof aus dem 17. Jh.
Dänische Str. 19; tgl. 10–18, im Winter
10–17 Uhr

U-Boot-Ehrenmal Möltenort
Gedenkstätte für gefallene U-Boot-
Fahrer beider Weltkriege.
Tgl. 9–18 Uhr

Zoologisches Museum und
Museum für Völkerkunde   ■ d 4
Große Sammlung von Meeresbewoh-
nern und vielen anderen großen Tie-
ren.
Hegewischestr. 3; Di–Sa 10–17, So 10–13
Uhr

Essen und Trinken

Café Fiedler   ■ c 6
Leckere Torten und Pralinen in der
Fußgängerzone.
Holstenstr. 92–94; Tel. 04 31/9 33 14 ★★

Damperhof   ■ a 5
Gehobene Cuisine in ehemaliger Stu-
dentenkneipe.
Damperhofstr. 5; Tel. 04 31/9 23 24 ★★★

Forstbaumschule   nördlich ■ c 1
Der Treffpunkt vor allem im Sommer:
lauschiger Biergarten und einfache
Speisen.
Düvelsbeker Weg 46; Tel. 04 31/33 34 96

Kieler Ansichten   östlich ■ f 2
Gepflegtes Restaurant am Ostufer
mit Blick auf Kiel.
Hasselfelde 2; Tel. 04 31/23 97 30 ★★

Quadrat   ■ d 5
Gut essen, sehen und gesehen wer-
den.
Schlossstr. 16; Tel. 04 31/9 61 67 ★★
AmEx EURO

Quam M M   ■ d 2
Szene-Lokal mit kleiner Speisekarte.
Düppelstr. 60; Tel. 04 31/8 51 95
★★ bis ★★★

Restaurant im Schloss   ■ d 5
Gepflegt essen mit Blick auf vor-
beifahrende Fähren.
Oslokai; Tel. 04 31/9 11 55
★★ AmEx DINERS EURO VISA

Rigoletto   südlich ■ b 6
Herausragende klassische und
moderne italienische Küche.
Königsweg 46; Tel. 04 31/67 63 90
★★★ AmEx

September M   südlich ■ b 6
Gehobenes Szenelokal mit Loftam-
biente. Eine der ersten Adressen in
der Landeshauptstadt. Im Sommer
schöne Gartenterrasse. Geradlinige
Küche, ordentliche Weine, teilweise
Schwächen im Service.
Alte Lübecker Chaussee 27;
Tel. 04 31/68 06 10; So und feiertags ge-
schl.; nur Abendessen ★★★

Einkaufen

Dänische Straße und Schlossstraße
                            ■ c 5/d 5
Zwischen Altem Markt und Schloss
findet man in diesen beiden Straßen

die exklusivsten Boutiquen, Galerien oder Antiquitätengeschäfte der Landeshauptstadt.

Heyck ■ c 5
In Kiels einziger Kaffeerösterei gibt's die braunen Bohnen frisch geröstet in allen Geschmacksrichtungen. Spezialität ist der »Milde Kieler«.
Faulstr. 2a; Tel. 04 31/9 41 74

Sophienhof südlich ■ c 6
Überdachte, zweistöckige und abwechslungsreiche Einkaufspassage, in der sich auch die Stadtgalerie befindet.
Sophienblatt 30, gegenüber dem Bahnhof; Tel. 04 31/9 01 34 10

Wochenmärkte
Die beiden schönsten und größten Märkte sind Mi und Sa auf dem **Exerzierplatz** (b 6) und Mo und So auf dem **Blücherplatz** (c 1) zu finden.

Am Abend

Bühnen der Landeshauptstadt Kiel
Opernhaus ■ b 5
Rathausplatz 4
Schauspielhaus ■ b 2
Holtenauer Str. 103
Vorverkauf Tel. 04 31/9 21 00

Hemingway ■ c 5
Cocktails und Lifestyle Bar.
Alter Markt 19; Tel. 04 31/9 68 12

Klosterbrauerei ■ c 5
Hausgebrautes Bier, hausgebackenes Brot und deftige Speisen.
Alter Markt 9; Tel. 04 31/9 25 24

Die Komödianten ■ b 4
Kleine, witzige Theatergruppe.
Wilhelminenstr. 43; Tel. 04 31/55 34 01

M.a.x. nordwestlich ■ a 5
Music Hall, Veranstaltungen, Konzerte, Disco.
Eichhofstr. 1; Tel. 04 31/1 25 73

tamen T ■ b 5
Mehr als nur eine Studentendisco.
Legienstr. 40; Tel. 04 31/55 32 47

Theater im Werftpark
südöstlich ■ f 6
Kinder- und Jugendtheater.
Ostring 137a; Tel. 04 31/7 60 40

Traumfabrik westlich ■ a 3
Kultur und Kommunikation, Programmkino, Konzerte, Kneipe, Disko.
Grasweg 19; Tel. 04 31/54 44 50

Velvet ■ c 5
Diskothek.
Eggerstedtstr. 13; Tel. 04 31/9 16 85

Service

Auskunft
Tourist Information Kiel e. V.
Andreas-Gayk-Str. 31; Tel. 04 31/6 79 10-0;
Internet: www.kiel-tourist.de

Fahrradverleih
Rad-Sport-Center
Kronshagener Weg 38; Tel. 04 31/170 10

Flughafen
Kiel-Holtenau nördlich ■ c 1
Täglich innerdeutsche Linienflüge.
Tel. 04 31/32 91 90

Schifffahrt
STK
südlich ■ c 6
Schlepp- und Fährgesellschaft
Bahnhofsbrücke; Tel. 04 31/5 94 12 63

Ziele in der Umgebung

Friedrichsort ■ D 4, S. 117

Auf der Westseite der Kieler Förde, gleich gegenüber von den denkmalgeschützten Überresten des U-Boot-Bunkers Kilian aus dem Zweiten Weltkrieg, liegen die Reste der ehemaligen Festung Friedrichsort. Von den Anlagen, die 1632 der dänische

König Christian IV. bauen ließ, hat sich allerdings nicht allzu viel erhalten. Ursprünglich hieß die Feste Christianspries, wurde aber 1690 in Friedrichsort umbenannt.

Heikendorf ▪ E 4, S. 117

Wer Dorsch oder Butt frisch vom Kutter kaufen oder einfach nur etwas Hafen- und Fischer-Atmosphäre schnuppern will, sollte mit einem Fördedampfer eine kleine Tour nach Heikendorf und Möltenort machen. Am Wasser entlang führt auch der Fördewanderweg bis nach Laboe.

Laboe ▪ E 4, S. 117

Weithin sichtbar ist das **Marine-Ehrenmal** von Laboe. 72 m hoch ist das Backstein-Gebäude des Düsseldorfer Architekten Gustav August Munzer. Gebaut wurde es von 1927 bis 1936 zu Ehren der im Ersten Weltkrieg Gefallenen der Marine. Eine weitere Touristen-Attraktion am Laboer Strand ist die **U 995**, ein U-Boot der deutschen Kriegsmarine und heute ein technisches Museum. Hier kann man sich davon überzeugen, wie eng es unter Deck war.

Molfsee 👫 ▪ A 7, S. 118

Die bäuerliche Welt, wie sie sich im 19. Jh. noch auf dem Lande darstellte, ist im **Freilichtmuseum Molfsee** (südlich von Kiel) zu sehen. Ländliches Bauen, Wohnen und Wirtschaften gibt's dort »zum Anfassen«. Seit 1961 wurden in Molfsee inmitten kleiner Hügel und umgeben von Teichen über 60 Bauernhäuser, Katen und Scheunen aus allen Landschaften in Schleswig-Holstein wieder aufgebaut.

Das älteste Gebäude ist das **Pfarrhaus** von Grube von 1569. Besonders beeindruckend sind der **Dithmarscher Hof Schmielau** von 1781

und das Haus des **Walfängers Lorens de Hahn** aus Westerland auf Sylt von 1699. Einblicke in die Arbeitsweise der Bauern bekommt man hier auch: So wird auf althergebrachte Weise knuspriges Brot gebacken oder in einer alten Meierei leckerer Käse hergestellt. Auch Korbflechter, Töpfer und Schmiede zeigen ihre Kunst.
Tel. 04 31/6 55 55; April–Mitte Nov. Di–Sa 9–17, So und feiertags 10–18 Uhr, Mitte Nov.–März So und feiertags

Probstei ▪ E 4, S. 117

Gleich hinter Laboe erstreckt sich die Probstei, eine Landschaft, die früher zum Kloster von Preetz gehörte und aus dieser Zeit ihren Namen hat. An diesem Teil der Ostseeküste liegen einige der schönsten Strände.

Schilksee ▪ E 4, S. 117

Als sich 1972 zum zweiten Mal die besten Segler der Welt zu den olympischen Regatten zur Kiel aufmachten, war das **Olympiazentrum** in Schilksee gerade fertig gestellt. Heute werden die ehemaligen Sportler-Unterkünfte als Eigentums- und Ferienwohnungen genutzt und sind – wegen ihrer Super-Aussicht auf die Förde – vor allem während der »Kieler Woche« begehrt.

Strande ▪ E 4, S. 117

1600 Einwohner

Fördeauswärts gleich hinter Schilksee liegt Strande, der Wohn- und Badeort der wohlhabenden Kieler. Hier wird im Sommer abends gerne die Abendsonne bei einem Glas Weißwein und ein paar Scampis genossen. Schöne Promenade.

Eine Ferienidylle mit über 200 Seen – das ist die Holsteinische Schweiz. Ein Hotel verhalf der Landschaft um die malerische Stadt Eutin vor hundert Jahren zu ihrem Namen.

Eutin

■ C 7, S. 118

16 700 Einwohner
Karte → S. 57

Die Stadt zwischen den Seen mit ihrem hübschen Schloss war einmal der Musenhof Schleswig-Holsteins, eine kulturelle Enklave inmitten all der bäuerlichen Alltagskultur rings umher.

Der Eutiner Fürstbischof August, ab 1773 auch Herzog von Oldenburg, holte an seinen Hof Künstler, Dichter und Gelehrte: **Johann Heinrich Voß**, der hier Homers Odyssee als Erster ins Deutsche übersetzte, und **Friedrich Leopold zu Stolberg** wirkten in Eutin. Dichter wie Klopstock und Matthias Claudius, der sein berühmtes »Der Mond ist aufgegangen« allerdings auf **Gut Emkendorff** dichtete, waren häufig am herzoglichen Hof zu Gast. Der Maler Johannes Heinrich Wilhelm Tischbein, dessen Bildnis von Goethe in der römischen Campagna später berühmt werden sollte, war Hofmaler, und schließlich und endlich wurde 1768 **Carl Maria von Weber** in Eutin geboren – der berühmteste Sohn der Stadt, dem zu Ehren jedes Jahr vor dem Schloss die Festspiele abgehalten werden.

Das Schloss wurde Mitte der neunziger Jahre umfassend restauriert. Seit September 1997 können Besucher die berühmte Sammlung von Tischbeingemälden wieder besichtigen.

Die Kreisstadt lebt heute von ihrer großen Vergangenheit und natürlich auch vom Tourismus.

Die e gentliche Geschichte dieser eigenwilligen Landschaft, die von den Dichtern nicht ganz grundlos als ein irdisches Arkadien beschrieben und manchmal geradezu gefeiert worden ist, beginnt mit Grafen und adligen Gutsherren im 17. Jh. Zu dieser Zeit entstanden die ersten größeren Herrenhäuser, die vor allem im 18. Jh. zu kleinen Schlössern ausgebaut wurden und einen eigenen Stil begründeten.

Die Herrenhauskultur, die so sehr an das England der Lords und reichen Snobs erinnert, entfaltete sich in der Holsteinischen Schweiz am prachtvollsten. Oder sollte man besser sagen, am eindrucksvollsten? Denn es ist beileibe nicht nur der bloße Prunk, der auch heute noch begeistern kann. Viele Herrenhäuser waren von Landschaftsparks umgeben, die meist im Stil englischer Landschaftsgärten angelegt waren.

Leider ist von den Grünanlagen nur noch selten etwas vorhanden, weil die Pflege Unsummen verschlingt, die sich heute kaum noch ein Herrenhäusler erlauben kann. So ist es der Demokratisierung der Adelskultur zu verdanken, dass eine Reihe der Herrenhäuser überhaupt die Zeit einigermaßen unversehrt überstanden hat. Etwas mehr als hundert Herrenhäuser gibt es noch im Land, aber nur eine Handvoll stehen der Öffentlichkeit offen.

Die Holsteinische Schweiz ist auch so ein grünes Paradies, ein großer Garten, in dem jeder Wanderer nach seiner Fasson

9

selig werden kann. Ihren Namen verdankt die Landschaft den Brüdern Janus, die 1885 am Kellersee ein Hotel errichteten und für ihr Haus, das sie »Holsteinische Schweiz« genannt hatten, auch über die Region hinaus Reklame machten.

Das Hotel gibt es heute nicht mehr, doch der Name blieb. Heute residiert in dem Gebäude sinnigerweise die Finanzbehörde. Die Landschaft mit ihren Seen, dem Selenter See, dem Plöner See, dem Dieksee, dem Eutiner See, dem Kellersee und nicht zuletzt dem sagenumwobenen Uklei-See, in dem ein untreuer Ritter mit Mann und Maus ertrunken sein soll, war schon immer für ihre Schönheit berühmt. Aber auch die Städte, die heute allesamt den Charme von Kleinstädten ausstrahlen, haben ihre – oftmals durchaus bemerkenswerte – Geschichte.

Plön war der einstige Residenzort des Herzogtums Schleswig-Holstein-Sonderburg-Plön – hoch über dem See haben die beiden Söhne des letzten deutschen Kaisers ihre Erziehung genossen. Das Schloss wurde von 1633 bis 1636 unter Herzog Joachim Ernst als Dreiflügelanlage erbaut. Heute beherbergt das Schloss ein Internat. An die Prinzen erinnert die **Prinzeninsel**, eine Halbinsel, die sich in den Plöner See reckt, auf der es sich wunderbar spazieren lässt. An der Spitze der Landzunge wartet das **Niedersächsische Bauernhaus** auf Gäste. Im Sommer sitzt man herrlich im Freien, es gibt Ente mit Rotkohl, Gänsebraten oder Bratapfel mit Preiselbeeren. Eine kleine Mühe ist es allemal wert (→ S. 100).

Die Seen und Wälder, Städte wie Eutin, Plön, Oldenburg oder Preetz, natürlich die imposanten Herrenhäuser in wunderbare Landschaften und Parks eingebettet, das

ist eine Seite. Aber da gibt es noch etwas Markantes in dieser zumeist flachen Landschaft. Die Holsteinische Schweiz verfügt über den einzigen Berg des Landes, der diesen Namen jedenfalls im Ansatz verdient. Mit 168 m Höhe über Normalnull bietet der **Bungsberg** bei Schönwalde die beste Aussicht weit und breit, bei gutem Wetter bis nach Dänemark. Im Winter wird hier auch gerodelt und abgefahren: Der Bungsberg ist das einzige Skigebiet des Landes. Zu den malerischen Seen, die alle nach der Eiszeit entstanden sind, gehört der **Hemmelsdorfer See** bei Ratekau. An seiner tiefsten Stelle wurden 72 m gemessen.

Hotels/andere Unterkünfte

Freischütz   südlich ■ a 1
Hotel garni in der Nähe des Kleinen Eutiner Sees.
Braaker Str. 1; Tel. 0 45 21/7 94 00, Fax 0 43 81/41 72 34; 15 Zimmer ★ ★
EURO VISA

Gästehaus L'Etoile M   ■ südlich c3
Die alte Straßenmeisterei ist zu einem Gasthaus und Hotel umgebaut worden. Restaurant mit ausgezeichneter Küche (ein Michelinstern), Bier- und Weinstube sowie ein Bistro.
Lübecker Landstr. 55; Tel. 0 45 21/70 28 60, Fax 70 28 61; 6 Zimmer ★ ★

Wiesenhof   nördlich ■ a 1
Hotel am Kellersee, Fitnessanlagen. Eine Besonderheit sind die Fasten-Pauschalangebote in der Woche vor Ostern.
Leonhardt-Boldt-Str. 25;
Tel. 0 45 21/7 07 60;
Internet: www.hotel-wiesenhof.de;
12 Zimmer ★ ★ EC VISA

Spaziergang

Von der Freilichtbühne im Schlosspark geht es am **Großen Eutiner See** entlang zum **Schloss**. Von dem Schlossplatz führt die Schlossstraße auf die Königstraße, die wir links bis zum Marktplatz entlanggehen. Das bauliche Ensemble vermittelt einen geschlossenen Eindruck von der gutbürgerlichen Wohnkultur des 19. Jh. Das Rathaus wurde 1791 gebaut. Das Witwenpalais von 1766 ist mit dem Fachwerkhaus Markt 10 aus dem 17. Jh. das älteste Haus der Stadt. Hinter dem Markt führt die Stolbergstraße wieder in Richtung Schloss, das wir rechter Hand liegen lassen. Interessant sind die Wohnhäuser, u. a. das des Grafen Stolberg; die Straße ist mittlerweile unter Denkmalschutz gestellt. Über die Schlossstraße erreichen wir die **Seepromenade**, die direkt zum Seepark führt.

Sehenswertes

Schloss ◼ c 2
Das Schloss war der Fürstbischofssitz. Das **Schlossmuseum** beherbergt u. a. die größte Portraitsammlung Norddeutschlands.
April–Okt. tgl. 10–16 Uhr

Museen

Ostholstein-Museum ◼ c 2
In dem ehemaligen Marstall des Eutiner Schlosses ist jetzt das Muse-

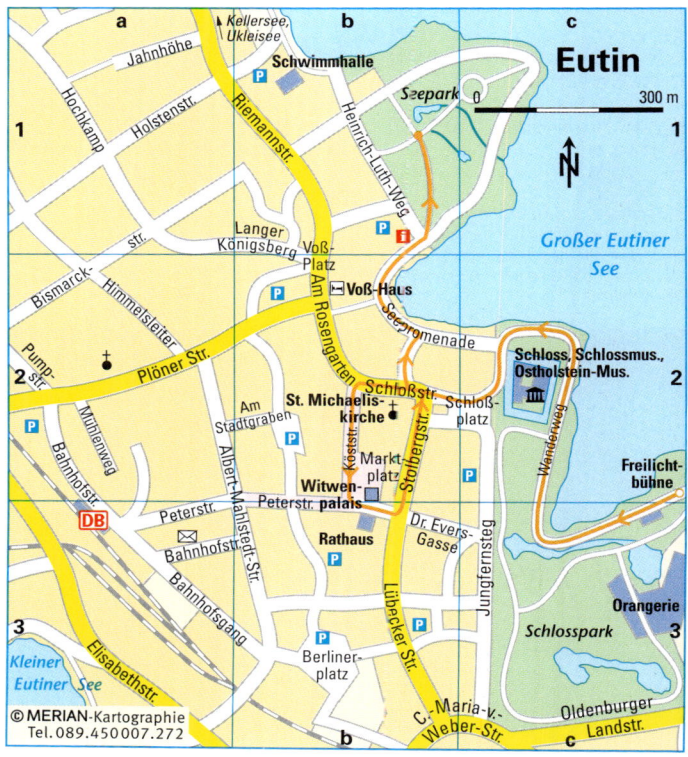

um für die Region untergebracht.
Ständige Ausstellungen wie »Eutin
zur Goethezeit«, »Die holsteinische
Landschaft in der Malerei« und »Bür-
gerliches Leben« gewähren kunst-
und kulturhistorische Einblicke.
Schlossplatz 1; April–Sept. Di, Mi, Fr, Sa,
So 10–13, 14–17, Do 10–13, 14–19 Uhr,
Okt.–Jan. und im März Di, Mi, Fr, Sa 15–17,
Do–So 10–12,15–17 Uhr

Essen und Trinken

Brasserie am See   ■ b 2
Gemütliches Restaurant in Seenähe.
Spezialität: Fischgerichte.
Am Rosengarten 18; Tel. 0 45 21/84 93 39
★★

Carl-Maria-von-Weber-Café
                                              ■ b 3
Café im Geburtshaus des Kompo-
nisten, hausgemachter Kuchen,
historisches Ambiente.
Lübecker Str. 48; Tel. 0 45 21/83 07 17
Mi geschl. ★

*Sängertreffen im Norden: Auf dem
Programm der Eutiner Festspiele, die
alljährlich Anfang Juli bis Mitte August
stattfinden, stehen auch Opern und
Operetten.*

Gästehaus L'Etoile   südlich ■ c 3
→ S. 56

Forsthaus am Ukleisee
                             nördlich ■ a 1
Herrlich am See gelegen.
Eutin-Sielbeck; Tel. 0 45 21/97 05 ★★

Einkaufen

Mittwochs und sonnabends Wochen-
markt.

Galerie Schwedenkate
                          nordöstlich ■ b 1
Aktuelle Kunst.
Krete 6, Eutin-Fissau; Tel. 0 45 21/45 80
Nov.–Ende Feb. geschl.

Am Abend

Eutiner Festspiele
Jedes Jahr von Mitte Juni–Mitte Aug.
feiern die Eutiner ihren Carl Maria
von Weber mit Festspielen vor dem
Schloss. Auf der Tribüne am See fin-
den 2000 Besucher Platz.
Eutiner Festspiele GmbH   ■ c 2
Postfach 112; Tel. 0 45 21/8 00 10

tam tam ■ a 2

Disko, die ihrem Namen alle Ehre
macht.
Plöner Str. 89; Tel. 0 45 21/93 30;
Fr und Sa 20–5 Uhr

Service

Auskunft
Kur & Touristik Eutin GmbH ■ b 1
Bleekergang; Tel. 0 45 21/7 09 70;
Internet: www.eutin.de

Freizeit-Center 2 000
Ohmstr. 6; Tel. 0 45 21/7 17 27

Kutschfahrten
Moser GmbH ■ a 1
Braaker Str. 18; Tel. 0 45 21/26 92

Seenrundfahrt
Von Mitte April–Ende Okt. mit der »MS
Freischütz« Rundfahrt auf dem Großen Eu-
tiner See.
Tel. 0 45 21/33 44

Stadtführungen
Tel. 0 45 21/7 09 70

Ziele in der Umgebung

Altenkrempe ■ D 7, S. 119

Der Ort, 4 km nördlich von Neustadt,
gilt vielen als das schönste Dorf in
der Holsteinischen Schweiz. Altenkrempe war bis zur Gründung von
Neustadt der wichtigste Ort der Gegend und damit auch sehr wohlha-
bend. Diesen Reichtum kann man
auch heute noch an den imposanten
Bauernhäusern ablesen. Die Kirche
des Dorfes, von Reetdachkaten um-
standen, ist eine gewölbte Backsteinbasilika vom Ende des 12. und
der ersten Hälfte des 13. Jh., das
Taufbecken stammt auch aus dem
13. Jh.

In der Nähe ist das **Gut Hasselberg**
einen Besuch wert, eines der beein-
druckendsten Barockbauten des Lan-

des. In der eleganten Treppenhalle
finden regelmäßig Konzerte statt.

Bosau ■ C 8, S. 118

In Bosau, 11 km westlich von Malente, wurde Geschichte geschrieben.
Hier hat Bischof Helmold seine Sla-
wenchronik verfasst und Vizelin, der
Apostel der Holsten, eine trutzige
Feldsteinkirche erbaut. Die Kirche,
im Wesentlichen aus dem 12. Jh., beherbergt einen Schnitzaltar, der um
1370 entstand. Das granitene Taufbecken aus der Zeit um 950 stammt
von der schwedischen Insel Gotland.
Von Bosau aus kann man zwischen
Mai und September eine Bootspartie
über den **Großen Plöner See** unternehmen.

Hansühn ■ D 7, S. 119

150 Einwohner

In der neugotischen **Saalkirche** des
kleinen Dorfes, 5 km östlich von Lütjenburg, befindet sich eine schwarze
Madonna aus dem 14. Jh. Sehenswert ist auch der barocke Holzaltar
mit spätgotischem Relief.

Hohwacht ■ D 6, S. 119

900 Einwohner

Das ehemalige Fischerdorf, 8 km
nordöstlich von Lütjenburg, gab der
Hohwachter Bucht ihren Namen. In
Hohwacht, das heute nahezu ausschließlich vom Tourismus lebt, fas-
ziniert vor allem die 20 m hohe Steil-
küste, an der die Ostsee beständig
wie eine hungrige Katze nagt.

Hotels/Essen und Trinken

Genueser Schiff
Moderner Komfort und anspruchs-
volle Küche.
Seestr. 80; Tel. 0 43 81/75 33
80 Betten ★ ★

Kletkamp █ D 7, S. 119

Schloss Kletkamp liegt inmitten eines 1000 ha großen Areals, 10 km südöstlich von Lütjenburg. Das Herrenhaus stammt aus dem 16. Jh., die dreigeschossige übergiebelte Fassade aus dem Jahr 1676. Zu der Anlage gehören diverse Fischteiche und ein Torhaus aus dem Jahr 1773. In dem Herrenhaus hat Graf Brockdorff zwölf Apartments einrichten lassen. Es ist schon etwas Besonderes, hier zu wohnen. Die denkmalgeschützten Räume im Erdgeschoss können gemietet werden.
Tel. 0 43 81/90 80

Lütjenburg █ F 4, S. 117

5700 Einwohner

Die Kleinstadt Lütjenburg liegt auf einem Hügel und ist schon von weitem zu sehen. Drei Brände haben in den letzten Jahrhunderten einigen Schaden angerichtet, aber immer noch ist die behagliche Beschaulichkeit längst vergangener Zeit bestimmend. Das **Färberhaus** am Markt stammt von 1576, die **Michaeliskirche** aus dem 13. Jh. Das Freigrabmal derer von Reventlow aus Alabaster und Sandstein gilt als die bedeutendste Grabanlage des Manierismus in Schleswig-Holstein. Das eingeschossige Rathaus von 1790 fällt dagegen schon recht bescheiden aus. Vom **Bismarckturm** genießt man einen herrlichen Blick .

Malente-Gremsmühlen

10 700 Einwohner █ C 7, S. 118

Malente ist der Kurort der Kurorte in der Holsteinischen Schweiz. Hierher kommen nicht nur Alte und Kranke, um Gesundheit zu tanken. Malente ist inzwischen mit Gremsmühlen zu einem Ort verschmolzen. Die **Alte Räucherkate**, heute ein Museum zur landwirtschaftlichen Geschichte, hat man vom Marktplatz etwas an den Rand versetzt, weil sie einem Neubau im Weg stand. Von Malente aus, das von zahlreichen Seen umgeben ist, führt ein Weg in den **Dodauer Forst**. Dort steht der wohl ungewöhnlichste Briefkasten der Welt, die **Bräutigamseiche**. Liebende hinterlassen hier in luftiger Höhe ihre Botschaften, und der Postbote holt sie dann über eine 3 m lange Holzleiter aus dem Baum.

Hotels/andere Unterkünfte

Dieksee M
Sehr gutes Haus, sehr gute Küche.
Diekseepromenade 13–15;
Tel. 0 45 23/99 50, Fax 99 52 00; Internet: www.hoteldieksee.de; 90 Betten ★ ★ ★
AmEx DINERS EURO VISA

Dieksee-Hörn
Hotel garni mit ansprechendem Komfort.
Olandsweg 27; Tel. 0 45 23/9 92 30, Fax 99 23 24; 98 Betten ★ ★ EURO VISA

Museen

Tews Kate
Historisches aus der Region mit dem Schwerpunkt Landwirtschaft.
Sebastian-Kneipp-Str.; Tel. 0 45 23/25 88
Mai–Sept. 10–12 und 14–16 Uhr

Essen und Trinken

Boots-Haus am Dieksee
Bei Einheimischen und Kurgästen gleichermaßen beliebtes Restaurant mit regionaler Küche.
Diekseepromenade 4, Tel. 045 23/3104 ★

Service

Auskunft
Tourismus-Service-Malente
Bahnhofstr. 3, 23714 Bad Malente-Gremsmühlen; Tel. 045 23/989 90, Fax 98 99 99; Internet: www.bad-malente.de;

Oben: Eine Fünf-Seen-Fahrt – etwa von Malente aus – gehört zu den unvergesslichen Urlaubserinnerungen, die man von der Holsteinischen Schweiz mit nach Hause nehmen kann. Gönnen Sie sich dieses preiswerte Vergnügen!

Mitte: Gut Panker zählt zu den schönsten Herrenhäusern Schleswig-Holsteins (→ S. 62).

Unten: Eutin ist eine zauberhafte Kleinstadt mit literarischem Ruhm und galt lange Zeit als »Weimar des Nordens« – hier fühlten sich viele Dichter und Denker zu Hause (→ S. 55).

Fünf-Seen-Fahrt
Frahm und Zimmermann
Bahnhofstr. 41; Tel. 0 45 23/22 01;
Ostern–Ende Okt.

Panker ■ F 4, S. 117

Das **Gut** und **Herrenhaus** unterhalb des Pilsberges zählt zu den schönsten Anlagen in Ostholstein. Das zweigeschossige und weiß verputzte Herrenhaus stammt im Kern aus dem 18. Jh., die beiden Flügelbauten kamen erst ein Jahrhundert später hinzu. Zu dem Haus gehört ein kleiner französischer Barockgarten.

Schloss und Gut Panker befinden sich im Besitz der Kurhessischen Hausstiftung, und das Schloss wird auch heute noch von einem Grafen bewohnt, nämlich dem Landgrafen Moritz von Hessen. Er wird sich wohl auch in Zukunft nicht erweichen lassen, seine privaten Gemächer zur Besichtigung freizugeben. Auch die **Schlosskapelle** von 1867, der Park und der große Garten sind für das gemeine Volk gesperrt. Dafür traben auf den Wiesen rings umher Trakehner, die hier gezüchtet werden.

Hotel/Essen und Trinken

Forsthaus Hessenstein
Das Forsthaus, fast auf der anderen Straßenseite, nämlich nur 1 km von Panker entfernt gelegen, ist ebenfalls wegen seiner guten Küche empfehlenswert (→ MERIAN-Tipp, S. 18). Tel. 0 43 81/94 16, Fax 31 41; Mitte Mai–Okt. Di–Sa 14–24 Uhr, Mitte Okt.–Mitte Mai Mi–Sa 17–24 Uhr, So 12–24 Uhr ★★

Ole Liese
Moderne Zimmer im Traditionshaus auf Gutsherrengrund. Pate für das Gasthaus stand ein Reitpferd mit jenem Namen, das der Fürst Friedrich Wilhelm von Hessenstein seinem Reitknecht mit der Auflage übergab, es bis zum Tod zu pflegen. Dafür erhielt der treue Knecht 1797 die Schankerlaubnis.
Tel. 0 43 81/43 74; März–Dez. 10–22 Uhr, Mo geschl. ★★

Plön ■ C 7, S. 118

13 200 Einwohner

Manche meinen, dass Plön der schönste Ort der Holsteinischen Schweiz sei. Das dürfte nicht unumstritten sein. Sicher aber ist Plön ein Ort mit Geschichte.

Im **Plöner Schloss**, das heute als Internat genutzt wird und herrlich über dem Plöner See thront, waren die beiden Söhne des letzten deutschen Kaisers als Schüler untergebracht. Heute sind noch zwei Zimmer im Stil des Rokoko erhalten. Die Nazis hatten das Schloss beschlagnahmt und die Inneneinrichtung – bis eben auf die beiden Zimmer – als zu verspielt empfunden und herausreißen lassen. An die beiden Prinzen erinnert die **Prinzeninsel**, die sich südlich des Schlosses 2 km in den See reckt und an deren Spitze man im **Niedersächsischen Bauernhaus** gut essen kann.

Im 17. und 18. Jh. war Plön Residenz der Herzöge von Schleswig-Holstein-Sonderburg-Plön, einem der wohl kleinsten Herzogtümer, die es jemals in Deutschland gegeben hat. Sehenswert sind das ehemalige **Witwenpalais** in der Johannisstraße 1., heute Kreismuseum. In dem Haus befindet sich das klassizistische **Rathaus** am Schlossberg 3, das nach Plänen von C.F. Hansen entstand. Die ehemalige **Hofapotheke** in der Johannisstraße 5 und das **Pastorat** am Markt 25 lohnen einen Abstecher.

In kulinarischer Hinsicht ist Plön ganz auf Fisch eingestellt. Eine Besonderheit sind Maränen, die im Plöner See gefangen werden. Sehr beliebt sowohl bei Einheimischen und Urlaubern ist auch der Plöner Aal.

Museen

Kreismuseum

Sehenswerte Exponate aus der Region, u. a. Glasarbeiten aus dem 17. Jh. und die alte Plöner Hofapotheke von 1840.

Johannisstr. 1; Tel. 0 45 22/74 22 69; Mitte Mai–Sept. Di–Sa 10–12, So 15–18 Uhr, Okt.–Mitte Mai Di–Sa 10–12 Uhr

Essen und Trinken

Niedersächsisches Bauernhaus

Auf der Prinzeninsel bekommt man Deftiges serviert.

Tel. 0 45 22/36 70 ★

Service

Auskunft
Tourist-Information Plön

Am Lübscher Tor 1; Tel. 04522/50950, Fax 509520; Internet: www.ploen-am-see.de

Preetz ■ B 7, S. 118

15 400 Einwohner

Das größte Preetzer Kleinod ist das ehemalige **Kloster der Benediktiner**, die ihre Klosterkirche, eine dreischiffige Backsteinbasilika, im 14. Jh. erbauten. Der Barockaltar von 1743 wurde von einem Lübecker Meister geschaffen. Das Chorgestühl stammt aus dem 14. Jh. Ein fragmentarisch erhaltener Altar im so genannten Knorpelbarock von Hans Gudewerdt dem Jüngeren ist ebenfalls zu sehen. Insgesamt ist diese Anlage sehr beschaulich mit ihrem Torhaus von 1737, dem Konventhaus von 1456 und dem Klosterstift aus dem Jahr 1755.

Unter der Oberhoheit des Klosters entwickelte sich in Preetz das Schusterhandwerk: Mitte des 19. Jh. gab es 180 Betriebe. Das Wahrzeichen der Stadt ist also nicht umsonst der kleine Schusterjunge am Feldmanns-platz, der ein Paar Stiefel schultert. In der Altstadt hat sich eine Reihe von Bürgerhäusern rund um das klassizistische Rathaus von 1870 erhalten, die Preetz einen gewissen Liebreiz verleihen.

Die Wasserlandschaft rund um Preetz eignet sich vorzüglich für alle Arten entspannten Wassersports, ganz egal ob es sich nun um Segeln, Rudern, Kanufahren oder Paddeln handelt. Die Seen sind idyllisch, der Wassersport und der Bootsverkehr halten sich in Grenzen, und man kann anlegen, wo man will – es sei denn, es handelt sich um ein Privatgrundstück.

Hotels/andere Unterkünfte

Landhaus Hahn

Gepflegtes Haus mit anspruchsvoller Küche.

Am Berg; Tel. 0 43 42/8 60 01; Internet: www.landhaus-hahn.de; 40 Betten ★★

DINERS EURO VISA

Museen

Circus-Museum

→ Extra: Die Ostseeküste mit Kindern, S. 87

Service

Auskunft
Tourist-Information Preetz und Umgebung e.V.

An der Mühlenau 5; Tel. 0 43 42/22 07, Fax 56 98

Segeln/Surfen

Freie Turnerschaft Preetz

Tel. 0 43 42/28 23

Ruder-, Paddel- und Tretbootverleih

Bootsverleih am Kirchsee

Tel. 01 70/5 83 29 25

Die »Königin der Hanse« atmet Geschichte, wohin das Auge blickt. Prachtvoll erhaltene Backsteinarchitektur hat aus Lübeck ein UNESCO-Weltkulturgut gemacht.

Lübeck

■ D 9, S. 121

213 300 Einwohner
Stadtplan → S. 71

»Auch in der Nähe des Ozeans findet man nicht wenige erwähnenswerte Städte. Sie alle aber übertrifft Lübeck, das außerordentlich hohe Gebäude und ganz herrliche Kirchen aufweist.« Was der spätere Papst Pius II. anno 1457 über die Hansestadt dachte, dem kann man auch heute noch zustimmen. Lübeck ist immer noch die »Königin« unter den schleswig-holsteinischen Städten. Die Silhouette ist unverwechselbar und zugleich das Markenzeichen: Sieben Kirchtürme prägen die Altstadt weithin sichtbar, und aus welcher Richtung man sich Lübeck nähert – kein Hochhaus versperrt den Blick auf diese mittelalterlichen Zeugen norddeutscher Backsteinkunst. Trotz schwerer Kriegsschäden und einiger Bausünden präsentiert sich die Stadt an der Trave weitgehend so, wie es Thomas Mann in seinen »Buddenbrooks« beschrieben hat: mächtige Kirchen, prächtige Kaufmanns- und Bürgerhäuser, verwinkelte Gänge und ein Gewirr von schmalen Altstadtgassen mit Kopfsteinpflaster.

Die günstige Lage im Binnenland und eine geschickte Verbindung zur Ostsee waren wohl der Grund, warum Graf Adolf II. von Schauenburg im Jahr 1143 an dieser Stelle eine Kaufmannssiedlung gründete. Bereits 819 n. Chr. belegen Grabungsfunde eine erste slawische Burganlage am Zusammenfluss von Schwartau und Trave. Erstmals urkundlich erwähnt wird »Liubice« im Jahr 1072. 1157 zerstörte eine Feuersbrunst die Holzhäuser, und Heinrich der Löwe gründete zwei Jahre später Lübeck ein zweites Mal, mit einem gut durchdachten und heute noch vorhandenen Straßennetz.

Zentrale wirtschaftliche und politische Bedeutung errang Lübeck durch den Zusammenschluss bedeutender Handelsstädte im Ostseeraum. Seit Ende des 13. Jh. hatte Lübeck die Führungsposition innerhalb der **Hanse** inne und gehörte lange mit zu den einflussreichsten deutschen Städten. Erst nachdem sich der mittelalterliche Schutzbund um 1630 auflöste, begann ihr Stern zu sinken. Die ganze Zeit über von 1226 bis 1937 blieb Lübeck freie Reichsstadt. In ihrem Autokennzeichen führt die Stadt noch ein H für Hansestadt als schmückenden Zusatz.

Nicht nur passionierte Segler fühlen sich in der Lübecker »Schiffergesellschaft« wie zu Hause – in dem gemütlichen Lokal schmeckt die norddeutsche Küche ausgezeichnet (→ S. 74).

MERIAN-Tipp

Mölln Die Stadt an der Alten Salzstraße ist vor allem durch einen Spaßvogel bekannt geworden: **Till Eulenspiegel**. 1350 hauchte der Bürgerschreck sein Leben im Spital zum Heiligen Geist aus. An Eulenspiegel erinnert eine Bronzefigur auf dem Platz vor dem alten Rathaus, die 1950 der Bildhauer Karlheinz Goedtke geschaffen hat. In dem Haus Am Markt 2 aus dem Jahr 1587, einem der ältesten Häuser Möllns, ist das Heimatmuseum untergebracht. Das Rathaus aus der zweiten Hälfte des 14. Jh. ist neben dem von Lübeck das einzige gotische Rathaus Schleswig-Holsteins. Die romanische St. Nikolaikirche stammt aus dem 12. Jh.

■ D 10, S. 121

Die Hanse: Selten in der Geschichte hat ein Wirtschaftsbund eine solche Macht entfalten können. Das gilt nicht nur in politischer Hinsicht, sondern auch in kultureller. Die Hanse war der reichste Städtebund des hohen Mittelalters, ein Machtfaktor, der sogar Könige in die Knie zwingen konnte. Lübeck, die Königin der Hanse, spielte über drei Jahrhunderte hinweg immer die bedeutendste Rolle im Machtpoker. Die Ostsee war das Schlachtfeld, auf dem sich die Geschicke der Hanse entschieden. Der Seehandel war zu jener Zeit mit vielen Gefahren verbunden. Aber die reichen und mächtigen Kaufleute ließen sich selbst durch Seeräuber nicht aus der Ruhe bringen. Einer dieser wilden Gesellen war der Likedeeler **Klaus Störtebeker**, der mit seinen Kumpanen auf der Ostsee sein Unwesen trieb. Als der Mecklenburger Herzog Ende des 14. Jh. den Seeräubern sogar die Häfen der Hansestädte Rostock und Stralsund öffnete, damit sie von hier aus Kaperfahrten unternehmen konnten, mit dem Ziel, dänische Schiffe zu überfallen, nutzten die Freibeuter die Gelegenheit, auch Schiffe der Hanse zu plündern. Lübeck ließ sich das nicht lange gefallen und erreichte eine Einigung zwischen der dänischen Königin und den Mecklenburgern. Damit war auf politischem Weg den Piraten das Wasser abgegraben worden – ein diplomatisches Meisterstück, das sowohl den Einfluss als auch die Macht der Lübecker zu dieser Zeit deutlich macht.

Lübeck war Boomtown, und es ist ja kein Zufall, dass sich die anderen Städte an der Ostseeküste in ihren Kirchenbauten an den Lübecker Backsteinkirchen orientierten. Keine war größer, keine war schöner, Lübeck war reich und zeigte es. Heute ist Lübeck vor allem als Marzipan-Stadt bekannt. Aber schon zu den Zeiten der Buddenbrooks hatte sich die Stadt ein Monopol gesichert, das sie für einige Zeit berühmt machen sollte. Lübecker Rotspon, heute eher ein Wein der Mittelklasse, kam damals aus Lübeck und galt als Köstlichkeit. Thomas Mann hat man zur 850-Jahr-Feier der Hansestadt mit der Einrichtung des **Buddenbrook-Hauses**, das im Krieg völlig ausgebrannt war, endlich das Denkmal gesetzt, das der Nobelpreisträger verdient. Bruder Heinrich Mann dagegen muss auch dieses Mal bescheiden im Hintergrund bleiben.

Nach dem Zweiten Weltkrieg und nach der Teilung des Landes geriet Lübeck aus der Mitte Deutschlands an den Rand, als nordöstlichste Stadt der alten Bundesrepublik. Der Name des Grenz-Stadtteils **Schlutup** wird im November 1989 zum Programm: »Slut up« (schließ auf), und die 200 000 Einwohner Lübecks sind nach 40 Jahren sozusagen wieder mittendrin. Auch im Autoverkehr. Um das UNESCO-Weltkulturgut und die Bürger der Altstadt zu schützen, trat die Hansestadt – bundesweit als erste Stadt – auf die umweltpolitische Notbremse: Lübecks Altstadt wurde autofrei. Heute ist Lübeck vor allem die Stadt, die mit den meisten Besuchern aus Skandinavien zu kämpfen hat. Im Sommer überschwemmen Tagestouristen aus Schweden und Dänemark die Altstadt. Ansonsten ist die Altstadt immer eine Visite wert. Hier hat sich der mittelalterliche Charakter der alten Hansestadt noch sehr gut

Verwinkelte Gässchen, hier der Alte Posthof, bestimmen das Altstadtbild Lübecks. Ohne Übertreibung kann man das Viertel als Gesamtkunstwerk bezeichnen.

erhalten, und die Atmosphäre längst vergangener Zeit liegt über jedem der gepflegten Innenhöfe.

Die **Altstadt** mit ihren mittelalterlichen Gassen und Plätzen ist das eigentliche Pfund, mit dem die Stadt wuchern kann. Trotz der Zerstörungen, die die Bombenteppiche des Zweiten Weltkrieges rissen, ist in Lübeck die Atmosphäre lebendig geblieben, wie sie die einstige Hansemetropole wohl auch in ihren besten Tagen ausgezeichnet hat.

Bei einem Rundgang durch die gepflasterten Gassen mit ihren Häusern mit Holländergiebeln und gotischen Backsteinfassaden muss man nur die Augen offenhalten, um zu erkennen, wie das Stadtleben damals organisiert war. Um die großen Kirchen und das Rathaus wohnten die wohlhabenden Bürger, die sich später ihre klassizistischen Villen bauen ließen und wie die Familie Mann einen fast schon aristokratischen Bürgerhaushalt pflegten. An den Rändern der beiden Hauptstraßen, die Lübeck auch heute noch von Norden nach Süden durchziehen, wohnten die Handwerker, die kleineren Händler und die Seeleute. Hier hat sich auch der Verfall der alten Bausubstanz am stärksten bemerkbar gemacht. Bis in die siebziger Jahre hinein waren die kleinen Häuser mit ihren Holzbalken und Backsteinfassaden mehr oder weniger dem Zerfall überlassen. Inzwischen hat sich diese Entwicklung ins Gegenteil verkehrt. Wohnungen in der Altstadt sind sehr gefragt, und wer heute eines dieser Häuschen sein Eigen nennt, kann sich glücklich schätzen und wird beneidet. Aber auch die Stadt hat mit ihren Mitteln und Möglichkeiten dazu beigetragen, dass die mittelalterlichen Innenhöfe wieder instand gesetzt werden.

Heute ist die Altstadt von Lübeck ein Juwel, das um so mehr glänzt, je mehr sich der moderne Wohnungsbau mit seinen anonymen Massenbauten als Irrweg herausstellt. Die Idylle hat wieder ihren Reiz, und Überschaubarkeit gilt wieder etwas.

Nach jahrelang vergeblichen Bemühungen konnte Ende der neunziger Jahre eine Brache mitten in der Stadt gebaut werden. Der Platz östlich des Rathauses an der Königstraße, gegenüber dem Verlagsgebäude der *Lübecker Nachrichten*, lag zuvor wie eine geteerte Wunde im Zentrum der Altstadt.

Dass man sich zu einer Bebauung durchringen konnte, ist ein gutes Zeichen. Vermutlich verdankt Lübeck diesen Entschluss nicht dem ästhetischen Empfinden der Stadtherren, sondern einfach der Wende 1989, von der Lübeck wie kaum eine andere Stadt im ehemaligen Grenzgebiet profitierte.

Hotels/andere Unterkünfte

Alter Speicher
Gemütliches Hotel garni im historischen Zentrum, ideal für all jene, die inmitten der weltberühmten Sehenswürdigkeiten übernachten wollen. Beckergrube 91-93; Tel. 04 51/7 10 45, Fax 70 48 04 ★ AmEx DINERS EURO VISA

Jensen am Holstentor ■ a 3
Günstig gelegenes, gemütliches Hotel, gutes Restaurant. An der Obertrave 4–5; Tel. 04 51/70 24 90, Fax 7 33 86; Internet: www.hotel-jensen.de; 100 Betten ★★ AmEx DINERS EURO VISA

Kaiserhof M   südlich ■ c 4
Sehr gutes, ruhig gelegenes Hotel in zwei alten Bürgerhäusern. Kronsforder Allee 11–13; Tel. 04 51/70 33 01, Fax 79 50 83; Internet: www.kaiserhof-luebeck.de; 150 Betten ★★ AmEx DINERS EURO VISA

Oben: Der Lübecker Weihnachts-
markt im Heiligen-Geist-Spital
(→ S. 72) lässt traditionsbewusste
Herzen höher schlagen ...

Mitte: Atemberaubend ist Lübeck
mit seiner mittelalterlichen Altstadt
im Abendlicht.

Unten: Die Marktfront des Rathauses zu Lübeck mit seinen großen
Windlöchern verdient einen ausgie-
bigen Blick auf die Details.

Klassik Altstadt-Hotel ◼ b 2

Hinter der klassizistischen Fassade verbirgt sich ein klassisch-bürgerliches Hotel. Gute Lage.
Fischergrube 52; Tel. 04 51/70 29 80, Fax 7 37 78; 45 Betten
★ ★ AmEx DINERS EURO VISA

Möwenpick Hotel ◼ a 2

Zimmer mit allem Komfort. Restaurant in Möwenpick-Qualität.
Beim Holstentor; Tel. 04 51/1 50 40, Fax 1 50 41 11; Internet: www.movenpick-luebeck.com; 330 Betten ★ ★
AmEx DINERS EURO VISA

Radisson SAS Senator Hotel Lübeck
◼ a 2

Lichtes, postmodernes Haus in schöner Lage an der Trave gegenüber der Altstadt.
Willy-Brandt-Allee 6; Tel. 04 51/14 20, Fax 1 42 22 22; Internet: www.radissonSAS.de; 217 Zimmer ★ ★ ★
AmEx DINERS EURO VISA

Rucksackhotel Backpackers ◼ c 2

Preiswert im »Werkhof«.
Kanalstr. 70/Ecke Glockengießerstr.
Tel. 04 51/70 68 92; 28 Betten ★

Spaziergang

Wir beginnen am Burgtor, gehen durch die Große Burgstraße (**Burgkloster**) zum Koberg (**Heiligen-Geist-Hospital**). Gegenüber der **Jakobikirche** dann rechts am altehrwürdigen Gebäude der »Schiffergesellschaft« vorbei in die Engelsgrube (rechts und links auf die »Gänge« – Querverbindungen zu einzelnen Höfen und Gassen – achten), biegen links in die Schwönekenquerstraße und gehen geradeaus weiter bis zur **Marienkirche** und dem **Markt** mit dem Rathaus.

Vom Markt aus biegen wir rechts über den **Kohlmarkt** in die Holstenstraße und gehen direkt aufs **Holstentor** und die **Salzspeicher** zu. Von

dort wieder zurück über die Holstenbrücke und links in die »Obertrave« (links vielleicht mal einen Abstecher in die Große Petersgrube mit den schönen Bürgerhäusern und der Musikhochschule) immer am Wasser entlang (vorbei an den Kleinbürgerhäusern im ehemaligen Stecknitzfahrerviertel) bis zur Effengrube. Die gehen wir hinauf zum **Dom**. Von dort durchs »Fegefeuer« links auf die Mühlenstraße und dann rechts über die Königstraße zurück zur Großen Burgstraße (der Rundweg dauert etwa 90 Minuten).

Sehenswertes

Aegidienkirche ◼ b 3

St. Aegidien ist die kleinste der fünf Lübecker Altstadtkirchen. Sie wurde im 14. Jh. in der heutigen Hallenform gebaut. Der architektonisch schlichte Bau besitzt eine für Norddeutschland beachtliche barocke Ausstattung.

Burgkloster ◼ b 1

Bedeutendste mittelalterliche Klosteranlage Norddeutschlands. Ende des 19. Jh. wurde der Komplex als Gericht und Gefängnis genutzt. Heute ist das Burgkloster ein kulturelles Zentrum und Ort für wechselnde Ausstellungen.

Burgtor ◼ c 1

Nördliches Stadttor, dessen ältester Teil aus dem 13. Jh. und dessen barocke Glockenhaube aus dem 17. Jh. stammt. Daneben die Überreste der Stadtbefestigung. Im Zollhaus des Tors befindet sich eine Handweberei.

Dom ◼ b 4

Die Bischofkirche am Südrand der Altstadt ist der älteste Lübecker Sakralbau. Heinrich der Löwe begründete damit 1173 die Tradition der lübeckischen Backsteinbauten ein. Die hohe dreischiffige Halle besitzt noch das Mittelschiff der romanischen Basilika. Die zwei mächtigen Türme gehören zu den größten im Ostseeraum. Nach 1266 wurde der Dom zu einer gotischen Hallenkirche umgebaut. Trotz starker Beschädigung durch Bomben 1942 gibt es im Dom noch immer Kostbarkeiten zu sehen: u. a. den Lettner und die Triumphkreuzanlage von Bernt Notke aus dem Jahre 1472.

Glockengießerstraße ■ c 2
Denkmäler früherer Sozialfürsorge werden sie genannt, die Wohnstifte, mit denen die Lübecker für das Wohl ihrer ärmeren Mitbürger sorgten. In der Glockengießerstraße findet man die meisten und schönsten Stiftshöfe und Gänge: den **Füchtingshof** von 1639 mit seinem imposanten Sandsteinportal, das **Ilhornstift** von 1438

und **Glandorps Hof** und **Glandorps Gang**, in dem noch die ebenerdigen Gangbuden zu sehen sind. Die Stiftshöfe sind sehenswert. Höfe und Gänge sind zwar für jeden zugänglich, aber keine öffentlichen Museen. Im Interesse der heute dort wohnenden, meist älteren Menschen sollte man etwas zurückhaltend sein.

Heiligen-Geist-Hospital   ▪ c 1

Fünf Türmchen markieren die mittelalterliche Backsteinfassade des ältesten Hospitals Deutschlands. 1286 wurde es am Koberg gegründet, als Kirche und Altersheim für Arme und Kranke zugleich. Der Kirchenraum liegt quer vor dem 88 m langen einstigen Schlafsaal, dem »Langhaus«. Die bettlägrigen Bewohner sollten so direkt am Gottesdienst teilnehmen können. Im 19. Jh. wurde es für die Bewohner der mächtigen Halle »komfortabel«: Anstatt Bett an Bett bekam jeder Insasse eine eigene, wenn auch enge, hölzerne, etwa 4 qm große Kammer, ein so genanntes Kabäuschen. Die 150 Buden werden heute nur noch einmal pro Jahr geöffnet: für einen der schönsten deutschen Weihnachtsmärkte, immer in den ersten 14 Tagen im Dezember.

Holstentor   ▪ a 3

Das Wahrzeichen des wehrhaften Lübeck – lange Jahre auf dem alten 50-DM-Schein abgebildet – wurde zwischen 1464 und 1468 erbaut. Im Jahre 1863 konnte das nur mit einer Stimme Mehrheit vor dem Abriss gerettet werden. Im Innern das Stadtgeschichtliche Museum.

Jakobikirche   ▪ b 2

Lübecks Kirchen, alle auf dem Grat des Stadthügels gebaut, sollten schon von weitem den Einfluss und die Macht der Hansestadt demonstrieren – so auch die Jakobikirche am Koberg. Ursprünglich mit zwei Türmen wie die Marienkirche geplant, wurde sie Anfang des 14. Jh. als große Hallenkirche mit nur einem Turm und seinen charakteristischen vier Kupferkugeln fertig gestellt. St. Jakobi hat den Zweiten Weltkrieg unbeschädigt überstanden und besitzt deshalb noch die bedeutenden historischen Orgeln. Sie gilt seit altersher als die »Schifferkirche« und birgt in einer ihrer Kapellen ein Rettungsboot des 1957 untergegangenen Segelschulschiffs »Pamir«.

Katharinenkirche   ▪ b 2

Das einstige Franziskanerkloster beherbergt heute sakrale Kunst und besitzt an der Fassade einen Figurenzyklus von Ernst Barlach.

Marienkirche   ▪ b 2

Sieben Kirchtürme prägen die Altstadt, die beiden 125 m hohen der Marienkirche sind die herausragendsten: Bis zur Vollendung des Kölner Doms stellten sie das höchste Kirchturmpaar der Welt dar. Gebaut wurde die dreischiffige Backsteinbasilika von 1250 bis 1350 und war Vorbild für viele Kirchen im Ostseeraum. Beeindruckend sind vor allem die Dimensionen des Mittelschiffs: rund 40 m hoch, aber nur 80 m lang. Beim verheerenden Bombenangriff (»Palmarum«) 1942 auf Lübeck verbrannten viele der Kirchenschätze. Eine kleine Sensation förderten die Restaurierungsarbeiten ans Tageslicht: Wandmalereien, um 1300 entstanden. Eine weitere Kostbarkeit ist der gotische Marienaltar von 1518.

Petrikirche   ▪ a 3

Die gotische Hallenkirche (erbaut im 13. und 14. Jh.) wurde während des Zweiten Weltkriegs schwer beschädigt und ist erst in den vergangenen Jahren endgültig wieder hergestellt worden. Sie ist heute eine »Kirche ohne Gemeinde« und dient als Ausstellungs- und Konzertraum. Von der

Aussichtsplattform im Turm (Fahrstuhl) hat man einen herrlichen Blick über Lübeck.

Rathaus ■ b 2

Eines der schönsten und ältesten Rathäuser Deutschlands und immer noch als solches genutzt. Baubeginn war um 1230 mit dem romanischen dreigiebeligen Nordbau. Mit wachsender Bedeutung der Hansestadt bekam das Rathaus immer mehr Anbauten, ein Spiegelbild der wechselnden Epochen. Auf den ersten Blick erscheint der weitläufige Komplex deshalb heute wie ein Nebeneinander mehrerer Gebäude. Der Nordbau wurde mehrfach umgestaltet. 1435 wurde die Marktfront zur Schauseite gewandelt, drei Türmchen und die beiden großen Windlöcher entstanden. Das auf Laubengängen stehende »Lange Haus« stammt aus den Jahren um 1300. Es wurde 1444 um den »Kriegsstubenbau« verlängert; 1484 entstand am anderen Ende das »Kanzeligebäude«. Bemerkenswertes, schmückendes Beiwerk sind der holzgeschnitzte Renaissance-Erker (von 1586) und die Renaissance-Prunktreppe (1594) an der Seite der heutigen Breiten Straße. Im Innern des Rathauses lohnt sich vor allem ein Blick in den Audienzsaal mit seinen üppigen Rokoko-Stukkaturen und den Ölgemälden.

Museen

Behnhaus/Drägerhaus ■ b 2
Kunst- und Kulturgeschichte Lübecks des 18. bis 20. Jh. in zwei hübschen Bürgerhäusern.
Königstr. 9–11; Di–So 10–17 Uhr, im Winter 10–16 Uhr

Buddenbrookhaus ■ b 2
Heinrich-und-Thomas-Mann-Zentrum. Ständige Ausstellung zu Leben und Werk der beiden Schriftsteller.
Mengstr. 4; tgl. 10–17, Do 10–19 Uhr

Museum für Puppentheater 👪 ■ a 3
Über 700 Marionetten, Handpuppen, Stab- und Stockpuppen aus Europa, Asien und Afrika.
Kolk 16; tgl. 10–18 Uhr

Stadtgeschichtliches Museum ■ a 3
Im Holstentormuseum, wie es die Lübecker nennen, sind Exponate zur Schiffahrt, Bodenfunde und Werkzeuge einer Folterkammer zu sehen.
Holstentor; Di–So 10–17 Uhr

St. Annen-Museum ■ b 4
Lübeck bedeutendstes und schönstes Museum im ehemaligen St.-Annen-Kloster (Kreuzgang von 1502). Kunst- und kulturgeschichtliche Sammlungen der Stadt, vieles aus den Lübecker Kirchen (Passionsaltar von Hans Memling um 1491). Im Obergeschoss Lübecker Wohnund Festräume (Kaufmannsdiele von 1736), Möbel, Silber, Porzellan und Spielzeug.
St. Annenstr. 15; Di–So 10–17 Uhr, im Winter 10–16 Uhr

Essen und Trinken

Historischer Weinkeller/Kartoffelkeller/Hospiz ■ b 1
Gemütlich und originell essen im Gewölbe unter dem Heiligen-Geist-Hospital.
Koberg 6–8; Tel. 04 51/7 62 34
★ bis ★ ★ AmEx EURO VISA

Das kleine Restaurant ■ a 2
Internationale feine Küche in dreihundert Jahre alten Patrizierhaus.
An der Untertrave 39; Tel. 04 51/70 59 59
★ ★ ★ AmEx DINERS EURO VISA

Miera's Aubergine ■ b 3
Treffpunkt für Liebhaber der feinen südeuropäischen Küche. Unten ein Bistro.
Hüxstr. 57; Tel. 04 51/77 21; Restaurant Mi–So 18–23 Uhr, Bistro Mo–Sa 9.30–23 Uhr ★ bis ★ ★ AmEx EURO VISA

Schabbelhaus M M
■ a 2

Lübsche Wohnkultur und Essen wie bei Buddenbrooks.
Mengstr. 48–50; Tel. 04 51/7 20 11
★ ★ bis ★ ★ ★ AmEx DINERS EURO VISA

Schiffergesellschaft M M M
■ b 2

Gepflegte Küche im historisch-maritimen Ambiente aus dem 16. Jh. Alte Segelschiffmodelle hängen von der Decke, man sitzt an Schiffsplanken in einem großen Schankraum.
Breite Str. 2; Tel. 04 51/7 67 76
★ ★ bis ★ ★ ★

Wullenwever

Roy Petermann serviert auf sehr hohem Niveau. Nach dem Aperitif auf der ersten Etage des hübschen Hauses kommen u. a. Steinbutt mit fritierten Artischocken auf den Tisch. Erstklassige, fair kalkulierte Weine und Digestifs, freundliche Bedienung. Lauschiger Garten.
Beckergrube 71; Tel. 04 51/70 43 33;
Sa mittag, So und Mo geschl. ★ ★ ★
AmEx DINERS VISA

Zimmermann's Lübecker Hanse

Französische Küche im ehemaligen Kontor- und Speicherhaus.
Kolk 3; Tel. 7 80 54
★ ★ AmEx DINERS EURO VISA

Einkaufen

Hüxstraße
■ b 3/c 3

Altstadtstraße mit viel Flair, schönen Geschäften, witzigen Läden, Boutiquen und Altstadthäusern.

Kunsthaus Lübeck
■ b 3

Galerie, Bilder, Gläser, Bücher.
Königstr. 20; Tel. 04 51/7 57 00

Niederegger M M
■ b 2

Ein Muss für alle Marzipan-Fans: Marzipan in allen erdenklichen Formen und Zusammenstellungen. Hervorragende Kuchen, köstliches Eis.
Breite Str. 89; Tel. 04 51/5 30 11 26

Weinhandel H.F. v. Melle
■ a 2

Altes hübsches Weinhaus, in dem man auch den berühmten Lübecker Rotspon kaufen kann.
Beckergrube 86; Tel. 04 51/7 10 59

Werkhof
■ c 2

Eine Art alternative Einkaufspassage in einer ehemaligen Fabrikhalle. Nettes Café, abends oft Veranstaltungen (Kabarett, Konzerte).
Kanalstr. 70/Ecke Glockengießerstraße

Am Abend

Buthmann's
■ c 2

Urige, alte Bierkneipe.
Glockengießerstr. 3; Tel. 04 51/7 67 88

Dr. Jazz Club M
■ a 2

Untertrave 1; Tel. 04 51/70 59 09

Theater Combinale
■ c 3

Junges, engagiertes Theater im Hinterhof.
Hüxstr. 115; Tel. 04 51/7 88 17

Service

Auskunft

Lübeck und Travemünde-Tourismus-Zentrale

Beckergrube 95; Telefon-Hotline 01 805/88 22 33 (24 Pfennig pro Minute), Fax 04 51/122 54 19; Internet: www.luebeck-tourismus.de

Fahrradverleih
Leihcycle
nördlich ■ a 1

Schwartauer Allee 39; Tel. 04 51/4 26 60

Stadt-, Kanal- und Hafenrundfahrten
Lübecker Fahrgastschiffahrt
■ a 3

Abfahrt Obertrave und MUK (Musik- und Kongresshalle); Tel. 04 51/7 77 99
Maak-Linie

Abfahrt: An der Untertrave zwischen Holstentor und Museumsschiff;
Tel. 04 51/706 38 59

Oben: Mit den »Buddenbrooks« hat Thomas Mann der Hansestadt ein Denkmal gesetzt. Das Buddenbrookhaus informiert überleben und Werk des Schriftstellers (→ S. 73).

Mitte: Das Holstentor (→ S. 72), umrahmt von Marienkirche und Petrikirche, ist Lübecks imposantes Wahrzeichen. Seine wuchtigen Türme beherbergen auch ein Museum mit »Folterabteilung«.

Unten: Spaßvogel und Bürgerschreck Till Eulenspiegel wurde auf dem Rathausplatz in Mölln ein Denkmal gesetzt (→ Merian-Tipp S. 65).

Ziele in der Umgebung

Brodtener Steilufer
■ E 8, S. 119

Vom nördlich von Travemünde gelegenen, 20 m hohen Steilufer hat man nicht nur einen herrlichen Blick auf die **Lübecker Bucht**, sondern auch pure Natur: Die »aktive« Abbruchkante, also der Bereich, an dem die Ostseewellen beständig nagen, ist Naturschutzgebiet. Das sichere Hochufer ist die Heimat vieler Uferseeschwalben. Und das vom Meer freigespülte Profil bietet interessante »Einblicke« in die Bodenbeschaffenheit Ostholsteins. Ausgiebige Spaziergänge können mit Fischspezialitäten im Restaurant und Café »Hermannshöhe« abgerundet werden.

Gothmund
■ D 9, S. 121

Ein idyllischer Fischerort mit alten Reetdachhäusern und Fischkuttern. Die Fischer von Gothmund besitzen noch heute das ausschließliche Fisch- und Angelrecht in der Trave. Gothmund gehört administrativ heute zur Hansestadt Lübeck.

Grömitz
■ E 7, S. 119

7400 Einwohner

Das Ostseebad wirbt mit Superlativen: der längste Strand (8,5 km), die längste Uferpromenade (3,5 km), die meisten Strandkörbe (5 000) und die längste Seebrücke: 398 m weit kann man auf ihr über's blaue Wasser flanieren. Noch mehr gehört zu Grömitz: das **Kloster Cismar**. Die renovierte Kirche des ehemaligen Benediktinerklosters (13. Jh.) wird heute als Dependance des Schleswig-Holsteinischen Landesmuseums Gottorf für Ausstellungen genutzt.

Lauenburg
■ C 12, S. 120

11 800 Einwohner

Das kleine Elbstädtchen im Kreis Herzogtum Lauenburg lag nach der deutschen Teilung 40 Jahre im Schatten der großen Ereignisse. Hier am ehemaligen Zonenrand schien die Neuzeit sich eine Pause zu gönnen. Dem Städtchen kam das in finanzieller Hinsicht nicht besonders zugute. Die Wirtschaft wanderte ab, und die Werft hatte mehr und mehr um ihr Überleben zu kämpfen. Heute profitiert die Stadt von dieser Entwicklung. Die malerische Unterstadt mit der alten Apotheke in der Elbstraße hat sich ihren nahezu mittelalterlichen Charme bewahren können. Und auch die Werft, die die Silhouette der Stadt bestimmt, erfährt den ersten Aufschwung.

Von dem Schloss der Lauenburger Herzöge hoch über der Stadt ist nach einem Brand im Jahr 1616 bis auf einen Backsteinturm nicht mehr viel geblieben. Die **Maria Magdalenen Kirche** aus dem 13. Jh. birgt die Särge der Herzogsfamilie Sachsen-Lauenburger in einer Gruft unter dem Chor. In dem ehemaligen Rathaus aus dem Jahr 1740 ist das Elbschifffahrtsmuseum untergebracht. Auf der Lauenburger Werft wurden in den ersten Jahren des 19. Jh. auch Raddampfer gebaut. Ein Exemplar schippert im Sommer immer noch auf der Elbe. Eine Besonderheit ist auch die älteste Schleuse der Welt, die **Palmschleuse** von 1724. Sie befindet sich am Lauenburger Ausgang des Elbe-Lübeck-Kanals, bei der Lauenburger Elbbrücke. Dank eines ausgezeichneten Radwegnetzes lässt sich in und um Lauenburg alles unproblematisch »erradeln«.

Mittelalterlicher Charme an der Elbe: Die malerische Altstadt von Lauenburg begeistert Nostalgiker.

Hotels/andere Unterkünfte

Möller M
Modernes Haus, schöner Blick.
Elbstr. 46–50; Tel. 0 41 53/20 11; 62 Betten
★ ★ AmEx DINERS EURO VISA

Essen und Trinken

Zum alten Schifferhaus
Fisch in allen Variationen.
Elbstr. 114, Tel. 24 08 ★ ★
AmEx EURO VISA

Niendorf 👫 ■ D 8, S. 119
3400 Einwohner

Zwischen dem mondänen Travemünde und dem schicken Timmendorfer Strand liegt das nette und
ruhige Niendorf. Ein Familienbadeort
mit einem kleinen Fischerhafen. Hier
bekommt man jeden Vormittag frisch
vom Kutter Schollen, Steinbutt,
Dorsch oder Heringe und manchmal
auch einen Ostseelachs.

Ratzeburg ■ D 10, S. 121
13 000 Einwohner

Ratzeburg wird von einem romanischen **Backsteindom** dominiert. Er
wurde 1154 von Heinrich dem Löwen
gestiftet. Das Mittelschiff erreicht die
stolze Höhe von 17 m, die Kreuzi-
gungsgruppe stammt aus dem 13. Jh.
An der Südwand des Nebenschiffs
befindet sich die Loge der Herzöge
von Sachsen-Lauenburg aus dem
Jahr 1637, der sogenannte Lauenburger Chor. Hinter dem Dom liegt das
Domkloster von 1250, von dem noch
Reste erhalten sind. In der alten
Probstei, dem ehemaligen Herrenhaus von Herzog Adolf Friedrich IV.
von Mecklenburg aus dem Jahr 1764,
befindet sich das Kreismuseum. Im
Domhof 5 steht ein Museum, das an
den Zeichner A. Paul Weber erinnert.
Am Barlachplatz 3 befindet sich das
Barlach-Museum, das ehemalige El-
ternhaus des Bildhauers und Dramatikers Ernst Barlach. Sehenswert sind
außerdem die Alte Wache, das Kreis-
haus von 1721 und das alte Rathaus
von 1843.

Scharbeutz/Haffkrug
■ D 8, S. 119
11 400 Einwohner

Scharbeutz war das vornehme Bad,
Haffkrug ein Fischerdorf – heute
gehören sie zusammen, der lange
Strand ist feinsandig.

Sierksdorf 👫 ■ D 8, S. 119
1500 Einwohner

Wo früher Fischer ihre Netze flickten,
gibt es heute Ferienwohnungen und
im Sommer Strandleben satt. Vor allem für Kinder ist der Kurort zum be-
gehrten Ausflugsziel geworden:
»Hansapark« heißt das Zauberwort
(→ S. 87).

MERIAN-Tipp

Schiffstour von Ratzeburg
nach Lübeck Von Ratzeburg
aus, der alten Domstadt, beginnt eine der schönsten und
erholsamsten Schifffahrten, die
das Holsteiner Binnenland zu
bieten hat. Von hier aus kann
man einen Ausflug über die
Seenplatte unternehmen. Die
Schiffe fahren bis nach Lübeck
und halten unterwegs immer
wieder an. Es empfiehlt sich,
Fahrräder mitzunehmen, dann
kann man an den Seen entlang
zum Ausgangsort zurückfahren. Ablegestelle und Auskunft
Tel. 0 45 41/80 00 81
■ D 9-10, S. 121

Timmendorfer Strand

■ D 8, S. 119

8900 Einwohner

Traditionell ein Ferienort für Menschen von nah und fern. Viele alte Villen am Strand zeugen noch von diesen frühen Blütejahren. Vor allem im Nachkriegsdeutschland nahm das mondäne Seebad einen unerhofften Aufschwung. Der Grund: Beliebte Seebäder in Mecklenburg-Vorpommern waren durch die deutsch-deutsche Teilung zum Beispiel für viele Hamburger nicht mehr zu erreichen. Heute am Timmendorfer Strand Urlaub zu machen ist schick und teuer. Sehen und gesehen werden rund um den Timmendorfer Platz und seine Cafés gehören dazu.

Sehenswertes

Sealife 👫
Ein Meerwasser-Aquarium der Superlative und in Deutschland einmalig:

Travemünde, der Hafen von Lübeck und größte Fährhafen Europas, verzauberte schon Thomas Mann. Er verbrachte hier »die unzweifelhaft glücklichsten Tage« seines Lebens...

In 30 Aquarien tummeln sich hunderte von Fischen, über einem von Wasser umschlossenen Besucher-Tunnel schwimmen Haie und Rochen (→ S. 86).
Kurpromenade 5; tgl. 10-18 Uhr

Essen und Trinken

Landhaus Carstens
Das traditionelle Speiselokal an der Promenade. Sehr gute Küche. Strandallee 73; Tel. 0 45 03/25 20; Mo geschl. ★ ★ ★ AmEx DINERS EURO VISA

Travemünde

■ E 8, S. 119

»Lübecks schönste Tochter« ist ein Stadtteil der Hansestadt und staatlich anerkanntes Ostseebad. 1329 kaufte Lübeck das kleine Fischerdorf den Holsteiner Grafen ab. Man wollte die Travemündung unter Kontrolle halten, um die Zufahrt zum Lübecker Hafen zu sichern.

Heute ist Travemündes Skandinavienkai mit 5000 Abfahrten pro Jahr der größte Fährhafen Europas. Travemünde ist heute wohltuend vielseitig: mit dörflichem Charakter in der malerischen Altstadt; mit mondänem Charme auf der 2,5 km langen Promenade; mit internationalem Flair

bei der alljährlichen großen Segelregatta, der »Travemünder Woche«; mit dem Spielcasino, dem Erlebnisbad »Aqua Top« und natürlich mit dem feinsandigen Strand.

Hotels/andere Unterkünfte

Atlantic
Einfaches Haus, aber schön gelegen. Kaiserallee 2a; Tel. 0 45 02/7 50 57; 54 Betten ★ bis ★ ★ AmEx DINERS EURO VISA

Deutscher Kaiser
Traditionshotel in guter Lage, nämlich an der Promenade, die unter Denkmalschutz steht.
Vorderreihe 52; Tel. 0 45 02/84 20; Internet: www.deutscher-kaiser.travemu-ende.de; 100 Betten ★ ★
AmEx DINERS EURO VISA

Maritim Strandhotel
Direkt an der Travemündung gelegen und aufgrund seiner Höhe nicht zu übersehen. Das Wahrzeichen des Badeortes und ien »modernes« Seezeichen für die Schifffahrt.
Trelleborgallee 2; Tel. 0 45 02/8 90, Fax 89 20 20; Internet: www.maritim.de; 470 Betten ★ ★ ★ AmEx DINERS EURO VISA

Sehenswertes

St. Lorenz Kirche
Sakralbau aus dem 16. Jh. mit Barockaltar und -kanzel.
Jahrmarktstraße

Viermastbark Passat
Das ehemalige Segelschulschiff auf der Priwall-Halbinsel (Fähre) kann im Sommer besichtigt werden.
Vorderreihe 7

Vogtei-Gebäude
Backstein-Giebelhaus (um 1600), heute Polizeiwache.

Vorderreihe
Die Travemünder »Meile« voller Boutiquen, Läden und Cafés. Hier wird flaniert, und hier spielt die Musik.

Essen und Trinken

Café Niederegger M
Der Ableger des Stammhauses der Marzipan-Dynastie von Lübeck bietet alles, was man sich an süßen Sachen wünschen kann. Das Café hat eine angenehme Atmosphäre.
Vorderreihe 56; Tel. 0 45 02/20 31 ★ ★

Hermannshöhe
Das Ausflugslokal am berühmten Steilufer von Brodten hält vor allem Kost der etwas deftigeren Art für die Gäste bereit. Zu empfehlen sind auch die Kuchen.
Tel. 0 45 02/7 30 21 ★

Lord Nelson M
Der große Mann der britischen Seefahrt, Namenspatron so manchen Lokals, hätte sich wahrscheinlich sehr wohl gefühlt: Hier legt man Wert auf maritime Gastlichkeit, das Restaurant erinnert an eine Admiralstube zur See. Die Gerichte orientieren sich am hohen Niveau, ohne überkandidelt zu sein. Zu empfehlen sind besonders die Fischspezialitäten.
Vorderreihe 56; Tel. 045 02/63 69
★ ★ EURO VISA

Maritim
Das Dachrestaurant im 35. Stockwerk des Maritim-Hotels hat nicht nur einen unvergleichlichen Panoramablick über die Lübecker Bucht zu bieten, auch die Küche erfüllt gehobene Ansprüche. Allerdings wird nur am Abend serviert. Gute Weinkarte, aufmerksamer Service.
Trelleborgallee 2; Tel. 0 45 02/89 20 35
★ ★ ★ AmEx DINERS EURO VISA

Der sechste Kontinent, wie sich die einzige Ostseeinsel Schleswig-Holsteins gerne nennt, ist eine Welt für sich. Nichts kann einen hier aus der Ruhe bringen.

Fehmarn ■ E 5/F 5, S. 119

Karte → S. 83

Auf der Insel gibt es 42 Dörfer, die an großer Kultur nicht viel zu bieten haben und immer noch an den Wunden leiden, die der Zweite Weltkrieg gerissen hat. Aber auf Fehmarn, der Insel, die lieber für sich geblieben wäre, strahlt auch das Kleine eine gewisse Größe aus. Die Ruhe, die über der Insel liegt, ist in unserer hektischen Zeit selten. Dass die Insel immer ein wenig abseits lag, hat ihr nicht geschadet. Fehmarn ist trotz des Tourismus eine Bauerninsel und von der Industrie, den Gewerbeparks und Einkaufszentren verschont geblieben.

Erst 1963 wurde Fehmarn mit dem Festland durch die **Fehmarnsundbrücke** verbunden. Der Brückenbau war das erste gemeinsame deutschdänische Projekt nach dem Zweiten Weltkrieg. Seitdem stellt die Sundbrücke den nächsten Verbindungsweg über Fehmarn nach Dänemark und allgemein nach Skandinavien dar. Aber schon wird an die nächste Brücke gedacht. Von Puttgarden soll sie den Bogen bis hinüber nach Dänemark schlagen.

Burg ■ b 2

6200 Einwohner

Die »Hauptstadt« der Insel gilt als eine der schönsten Städte im Norden. Fachwerkhäuser, Kopfsteinpflaster, eine mittelalterliche Kirche – was will der Nostalgiker mehr. Am Südstrand, einem Stadtteil von Burg, ließen sich die auffälligen Bausünden wohl nicht mehr vermeiden. 17-geschossige Wohntürme, Apartmentanlagen, es ist einfach alles da, was in den siebziger Jahren mit großem Schwung an die Strände gesetzt wurde. Die Einwohner tragen es mit Fassung und betrachteten die Hochhäuser als ideale Ferienadresse für jene Urlauber, die einen weiten Blick aufs Meer haben möchten.

Fehmarn ist 185 qkm groß und mit dieser Fläche die Nummer eins unter den Inseln des Bundeslandes Schleswig-Holstein. Bis zur Wiedervereinigung zählte sie als die größte Insel der Bundesrepublik Deutschland. Heute hat Rügen in Mecklenburg-Vorpommern die Nase vorn, aber das dürfte die Inselbewohner, von denen mehr als die Hälfte in Burg zu Hause sind, kaum stören. Wenn je von einem stolzen Inselvolk die Rede war, dann von den Fehmarnern, die aber auch überaus gastfreundlich und großzügig sein können.

Selbstbewusstsein und ein gewisses Durchhaltevermögen waren durchaus nötig, um die Wechselfälle der Geschichte zu überstehen. Mal verwüsteten Piraten, mal die dänischen Könige, dann wieder die Holsteiner Grafen die fruchtbare Insel, die ungeschützt im Meer lag. Aber wirklich besiegen konnte sie keiner. Jetzt haben sich die Insulaner zur Abschreckung etwas ganz Besonderes geleistet. In Burg steht das größte **Hai-Aquarium** Deutschlands. Sollen sie doch kommen, die Fremden!

Hotels/andere Unterkünfte

Burg-Klause
Modernes Haus, mit Restaurant und
Garten fast im Zentrum.
Blieschendorfer Weg 1–5;
Tel. 0 43 71/67 82; Internet:
www.burg-klause.de; 27 Betten ★★
DINERS EURO VISA

Intersol
Kurhotel am Südstrand mit allem,
was der Kurgast braucht.
Südstrandpromenade; Tel. 0 43 71/86 53;
Internet: www.hotel-intersol.de;
116 Betten ★★★ AmEx DINERS EURO VISA

Schützenhof M
Komfortabel und sehr gemütlich ein-
gerichtet, so wie man sich ein schö-
nes Hotel im Norden vorstellt.
Menzelweg 2, Burgstaaken;
Tel. 043 71/500 80; 52 Betten ★

*Aus der Vogelperspektive vielleicht
noch eindrucksvoller: Die Fehmarnsundbrücke hat eine Länge von
963 Metern.*

Wisser's Hotel
Gutbürgerliches Hotel im Zentrum
mit ansprechender Küche, zwei
Appartementhäuser.
Am Markt 21; Tel. 0 43 71/31 11; 70 Betten
★★

Sehenswertes

Burgruine Glambeck
Die Burgruine wurde bei einer Sturm-
flut im Jahr 1872 freigespült. Man
fand Waffen, Münzen, Ton, Steine
und Scherben verschiedenster Ge-
fäße. Die Burg aus dem 13. Jh. war im
Dreißigjährigen Krieg von den Trup-
pen Wallensteins geplündert und
zerstört worden.

Meereszentrum Fehmarn
45 Schauaquarien und ein Unterwas-
ser-Glastunnel, in dem die Besucher sozusagen quer durch das
400 000 Liter fassende Haibecken
spazieren können. Spannend! Das
Maibecken wurde übrigens als das
Größte seiner Art in das Guinness-
Buch der Rekorde aufgenommen.
Gertrudenthaler Str. 12;
Tel. 0 43 71/44 16; tgl. 10–19 Uhr

Peter-Wiepert-Museum
Peter Wiepert hat so ziemlich alles gesammelt, was mit der Geschichte seiner Insel in Zusammenhang gebracht werden konnte.
Breite Str. 49; Juni–Sept. Mo–Sa 10–12 und 14–17 Uhr

St. Nikolaikirche
Das Gotteshaus aus dem 13. Jh. ist das Wahrzeichen von Burg. Der starke Turm wurde 1513 gebaut.

Essen und Trinken

Der Lachs
Dieses Restaurant provoziert nicht gerade mit äußeren Reizen. In dem Pavillon vor dem Stadtzentrum wird dennoch hervorragend gekocht – die beste Adresse der Stadt. Zu empfehlen sind Hasenrücken in Orangen-Lorbeer-Sauce, Rinderfilet auf Madeirazwiebeln oder glacierte Wachtel.
Landkirchener Weg 1a; Tel. 0 43 71/8 72 00
★★ EURO

Landhaus Kröger
Gutbürgerliche Küche, Fischspezialitäten.
Breite Str. 10; Tel. 0 43 71/67 53; Mo geschl.
★★ EURO VISA

Lotsenhaus
Seh· guter Fisch in einem ehemal gen Lotsenhaus.
Burgstaaken 65; Tel. 0 43 71/55 97 ★★

Störtebeker
Etwas für den kleinen Seefreund.
Breite Str. 23; Tel. 0 43 71/87 91 11
Mi geschl. ★★ EURO VISA

83

Einkaufen

Burg-Galerie
Kunst für den kleinen Geldbeutel.
Breite Str. 42; Tel. 0 43 71/12 22

Inseltöpferei
Gebrauchskeramik und Einzelstücke.
Niendorfer Str. 12; Tel. 0 43 71/7 75

Service

Auskunft
Insel-Information
Landkirchener Weg 2;
Tel. 0 43 71/86 86 86; Internet:
www.fehmarn-info.de

Fahrradverleih
Breite Str. 46; Tel. 0 43 71/13 03

Flügge ■ a 2

Von dem 40 m hohen **Leuchtturm** mit
seiner Aussichtsplattform hat man
bei gutem Wetter einen freien Blick
bis ins benachbarte Dänemark. Der
Leuchtturm wurde 1914 gebaut. Im
Südosten liegt das Naturschutzgebiet **Krummsteert**, ein Reservat für
viele selten gewordene Vogelarten.

Landkirchen ■ b 2

Die kleinste Kirche der Insel steht in
Bannesdorf. Dafür kann **Landkirchen**
mit der schönsten und am reichsten
ausgestatteten Kirche prahlen. Der
älteste Teil der dreischiffigen Back-
steinhalle stammt aus dem 13. Jh.
Aus dem 17. und 18. Jh. sind 50 Bet-
schemel mit Inschriften und Ritzzei-
chen erhalten. In der Kirche steht
auch der so genannte Landesblock,
eine Truhe, in der Urkunden aufbe-
wahrt wurden. Das Votivschiff von
1617, das ein lübisches Kriegsschiff
darstellt, ist das viertälteste deutsche Schiffsmodell überhaupt.

Essen und Trinken

Petersens Gasthaus
Für eine kleine Pause empfiehlt sich
dieses Gasthaus.
Tel. 0 43 71/32 62 ★

Lemkenhafen ■ a 2

450 Einwohner

In dem kleinen Dorf dreht sich die
einzige heute noch funktionsfähige
Segelwindmühle Europas aus dem
Jahr 1787, gleichzeitig ein Mühlen-
und Landwirtschaftsmuseum (Tel.
0 43 72/6 10, im Winter geschl.).

Niobe-Denkmal ■ b 1

Bei Gammendorf im Norden
Fehmarns erinnert das Niobe-Denk-
mal an den Tod von 69 Seemännern,
die am 26. Juli 1932 ihr Leben verloren.

Petersdorf ■ a 2

250 Einwohner

Der 64 m hohe Turm der Backstein-
kirche aus dem 13. Jh. diente über
die Jahrhunderte als Seezeichen. Sehenswert sind der gotische Altar,
eine Kreuzgruppe aus dem 15. Jh.,
die Kanzel aus der Zeit um 1600
sowie zahlreiche Barock- und Renais-
sanceepitaphe.

Puttgarden ■ a 2

1800 Einwohner

Der Ort mit seinem Fehmarnkai ist
Verbindungshafen nach Dänemark
und damit markanter Punkt auf der
Vogelfluglinie. Die Molen sind 630 m
und 820 m lang und schützen die
beiden Hafenbecken.

*Schlichter Rahmen für die pracht-
volle Innenausstattung: St. Niko-
lai in Burg (→ S. 83).*

Alle Bäder an der Ostseeküste sind auf Kinder bestens vorbereitet, denn die Küste ist vor allem bei Familien mit kleinen Kindern beliebt. Das liegt einmal an den Preisen, die noch nicht das höchste Niveau erreicht haben, vor allen Dingen aber an den landschaftlichen Gegebenheiten. Die Ostseestrände sind feinsandig, das Wasser wird nur langsam tiefer, und besorgte Eltern müssen sich keine Sorgen um eine reißende Brandung machen. Die Campingplätze sind in der Regel mit Spielplätzen ausgerüstet. Besonders kinderfreundlich sind die Strände an der **Lübecker Bucht**, aber auch die **Hohwachter Bucht** bietet ideale Voraussetzungen.

Eine ähnliche Einrichtung bietet auch die Stadt Kiel. Im **Aquarium des Instituts für Meereskunde** (→ S. 50) an der Kielline, der Promenade direkt an der Förde, tummeln sich ebenfalls Seehunde und fühlen sich sichtlich wohl. Kein Wunder bei der fachgerechten Betreuung, die ihnen zuteil wird.

Wer sich vor Wasser nicht fürchtet, sollte vielleicht eine Kanupartie auf einem der vielen kleinen Flüsse in Erwägung ziehen, die das Land durchziehen. Sie sind in aller Regel keine reißenden Sturzfluten, sondern zahme Bäche ohne Untiefen.

Ein wahres Kinderparadies: An der ganzen Ostseeküste sind die Strände feinsandig, das Meer ist ungewohnt zahm, die Seen sind glasklare Wasserspiegel.

Auch im Hinterland müssen die Kinder nicht auf dem Trockenen bleiben. Die Seen sind ruhig und sauber, überall finden sich Buden und Gaststätten in der unmittelbaren Umgebung. Die Seen haben außerdem noch einen großen Vorteil: Hier geht es im Sommer meist etwas ruhiger zu als an den überlaufenen Sandstränden.

Im Hinterland haben sich auch etliche Vergnügungsparks etabliert. Die neueste Errungenschaft dieser Art macht in Timmendorf Furore. Direkt am Strand wurde ein Meerwasseraquarium errichtet, in dem sich alles tummelt, was die Ostsee hergibt, das **Sealife** (→ S. 79). In einem eigenen Becken vergnügen sich Seehunde, gleich nebenan ziehen Heringsschwärme ihre Bahnen.

An die 40 Meter breit, mehrere Kilometer lang, feinsandig und flach ins Meer abfallend – Scharbeutz hat einen der schönsten und familienfreundlichsten Strände an der Küste.

Bananenmuseum in Sierksdorf
■ D 8, S. 119

Das kleine Museum ist eine Sache
für sich: Auf 100 qm zeigen mehr als
1000 Ausstellungsstücke alle Facet-
ten, die der Mensch dem krummen
Ding hat abgewinnen können.
Prof.-Haas-Str. 59; Sa und So 11–13 Uhr

Hansapark in Sierksdorf
■ D 8, S. 119

Der größte Freizeitpark Norddeutschlands. Hier dreht sich alles, was Rä-
der hat; Karussells sind da, Rut-
schen, jede Menge Buden und allerlei Möglichkeiten, das Urlaubsgeld
unter die Leute zu bringen.
Am Fahrenkrog 1; Tel. 0 45 63/70 51;
April–Okt. 9–17 Uhr

Phänomenta in Flensburg
■ A 2, S. 116
→ MERIAN-Tipp, S. 27

Circus-Museum in Preetz
■ B 7, S. 118

Das Zirkusmuseum ist einmalig in
ganz Deutschland. Hier ist alles
gesammelt worden, was nach Säge-
spänen und Spannung unter der Zelt-
kuppel duftet. Dazu kann man Fotos,
Plakate, Dokumente und natürlich allerlei Kuriosa begutachten. Unter den
50 Kostümen befindet sich u. a. ein
Frack von René Deltgen aus dem
Zirkusfilm »Tromba« und ein Fächer
von Charlie Rivel.
Mühlenstr. 14; Tel. 0 43 42/18 69;
Sa 15–18, So 10–12 und 15–18 Uhr; von
April–Aug. auch Mi 17–20 Uhr

Kinder bis zu 14 Jahren können mit
einem Kinderpass, der bei den Kur-
verwaltungen und in den Verkehrs-
ämtern zu bekommen ist, Veranstaltungen mit Preisermäßigung besu-
chen.

Dem Sportlichen sind an der schleswig-holsteinischen Ostseeküste keine Grenzen gesetzt. Surfer können fast überall ihre Bretter zu Wasser lassen, ausgenommen sind da vielleicht nur die **Flensburger Förde** und die **Schlei** wegen der relativ hohen Verkehrsdichte. Hamburger Surfer zieht es vor allem ins Surfrevier rund um **Fehmarn**, und auch die **Lübecker Bucht** ist sehr gut geeignet. Segler, die es gerne etwas komforta-

Fahrradfahren ohne Ende, das ist in dieser Form nur an der Ostseeküste möglich. Die ganze Küste, von Flensburg bis Travemünde, lässt sich auf dem 452 km langen **Ostseeküsten-Radweg** abfahren. Die Wege sind bestens ausgebaut, die Autofahrer fahren vorsichtig, weil sie wissen, was auf sie zukommt und weil im Sommer Fahrradreisegruppen zu den gewöhnlichen Erscheinungen auf den Bundesstraßen zählen.

Größte Anziehungskraft übt natürlich das »sportliche Element« Wasser aus. Aber auch der Fahrradprofi kommt auf seine Kosten.

bler haben, finden in jedem größeren Hafen Liegeplätze. An den Stränden kann man herrlich **Drachen** steigen lassen, eine Art Freizeitbeschäftigung, die an allen Küsten mehr und mehr Anhänger findet.

Wer **wandern** will, muss sich nur ein paar Kilometer ins Landesinnere orientieren. Da warten Wälder, Wiesen und Seen. Auch wen es an die Seen oder hinaus auf's weite Meer zieht, um den Fischen nachzustellen,

Die Schlei, eine 40 Kilometer lange Förde ist ein beliebtes Segelrevier (→ S. 97)

wird auf jeden Fall etwas für seinen Geschmack finden. Ob eher beschaulich in der Holsteinischen Schweiz oder etwas rauer bei einem Angeltörn mit einem Kutter-Kapitän, bleibt jedem selber überlassen.

Angeln

Für das Fischen in Binnengewässern ist ein Angelschein notwendig, ansonsten kann der Petri-Jünger die Rute unbehelligt ins Wasser lassen. Besonders beliebt ist das Hochseefischen. Dorsch, Hering oder Makrele aus dem kalten Nass zu ziehen ist ein Vergnügen ganz besonderer Art. Die Boote können mitsamt der fachmännischen Leitung angemietet werden. Oft sind die Kapitäne der Kutter ehemalige Fischer, die sich mit ihren Angeboten der veränderten Marktlage angepasst haben.

Landessportfischerverband Schleswig-Holstein
Hamburger Chaussee 102, 24113 Kiel; Tel. 04 31/67 68 18

Golf

Immer mehr Anhänger des grünen Sportes können auch an der Küste den Schläger führen. 9- und 18-Loch-Plätze gibt es einige zwischen Flensburg und Lübeck sowie einen auf Fehmarn, und es wird weiter kräftig am Ausbau der Anlagen gearbeitet.

Segeln/Surfen

Etwa 385 km ist die Ostküste Schleswig-Holsteins lang, da kann jeder Segler und Surfer selig werden. Die Bedingungen sind auch deshalb recht günstig, weil der raue Westwind, den die Westküste spürt, an der Ostküste zu einem milden Lüftchen abgeschwächt ist und nur selten Sturmböen die Wasserfreuden beeinträchtigen. Die Ostsee mit ihren vielen kleinen Buchten erlaubt eine gemächlichere Gangart und ist deshalb auch für Anfänger geeignet. Die Surf-Reviere liegen oft etwas versteckt, weil die Surfer möglichst freie Bahn brauchen und sich deshalb gerne abgelegene Buchten aussuchen. Das hat allerdings den Vorteil, dass sie unschuldige Badende nicht allzu sehr belästigen.

Segeln kann man natürlich auch auf den Seen. Und wer sich auf diesem Weg einen Teil der Landschaft erschließen will, kann damit rechnen, dass das Wasser in der Regel auch bei stärkeren Winden keine Kapriolen schlägt. Und Häfen für Freizeitsegler sind genügend vorhanden. Allerdings sollte man sich besonders in der Hauptreisezeit rechtzeitig um einen Liegeplatz kümmern.

Wandern

Ein umsichtiger Wandersmann bleibt besser auf den Wegen, die für ihn vorgesehen sind, sonst könnte es Ärger geben. Natürlich sind auch die bestens ausgeschilderten Wälder des Landes für jeden zugänglich, aber die Bauern sehen es nicht gerne, wenn sie fremde Spuren in ihren Feldern finden. Die gesamte Küste ist mit Wanderwegen erschlossen, präzise Karten führt fast jedes Buchgeschäft.

Ostseestrände

Dahme ■ E 7, S. 119
Familienbad mit freiem Blick über die Ostsee. Nicht ganz so mild wie die übrigen Bäder der Eckernförder Bucht.

Eckernförde ■ C 3, S. 116
Östlich des Hafens liegt im Stadtgebiet der 2 km lange Strand, der besonders für Eltern mit Kindern geeignet ist, kaum Wellen.

Flensburg Ostseebad ■ A 2, S. 116
Die Badewanne der Stadt mit Mini-Golf-Anlage und Holzbrücke mit Schwimmbecken für Anfänger.

Füsing bei Schleswig ■ B 3, S. 116
Der kleine Strand liegt etwas versteckt gegenüber dem ehemaligen Fährhaus und ist besonders bei Surfern sehr beliebt. Eine urige Gaststätte hält das Notwendigste bereit.

Glücksburg Solitüde ■ B 1, S. 116
Ein rauer Strand mit herrlichem Blick auf das dänische Ufer.

Grömitz　　　　　　■ E 7, S. 119
Kilometerlanger Sandstrand und die
längste Ostseebrücke von Schleswig-
Holstein.

Hasselberg bei Gelting ■ D 2, S. 117
Vor dem Deich liegt ein etwas körni-
ger Strand, der gerne von Familien
bevölkert wird. Der Strand ist ein
paar hundert Meter lang, das Baden,
besonders für Kinder, ungefährlich.

Holnis　　　　　　■ B 1, S. 116
Kurtaxenpflichtiger Sandstrand mit
weichem Sand und sehr flach abfal-
lendem Wasser, kinderfreundlich.

Neukirchen　　　　■ E 6, S. 119
Etwas grobkörniger Strand mit schönem Hinterland und Blick auf die sich
langsam öffnende Förde. Deshalb hat
auch diese »Ecke« ihre Liebhaber.

Petersdorf auf Fehmarn
　　　　　　　　　　■ E 5, S. 119
Einziger FKK-Strand der Insulaner,
die sich hier aber nur selten blicken
lassen. Die Urlauber sind unter sich.

Scharbeutz　　　　■ D 8, S. 119
Sehr schöner Strand, auch wenn im
Sommer die Menschen wie die Herin-
ge in der Sonne braten.

Schönhagen, Damp ■ A 7, S. 118
Der Strand der Massen, gut gepflegt,
mit sehr guter Infrastruktur, bade-
freundlich. Wer im Sommer gesel-
liges Treiben am Strand sucht, ist hier
richtig.

Sierksdorf　　　　■ D 8, S. 119
30 km feiner Sandstrand, dahinter im
Landesinnern liegt der Vergnügungs-
park Hansapark.

Strandbad Kalifornien ■ D 4, S. 117
Ausflugsziel im Nahbereich von Kiel
und dementsprechend besucht. Sehr
schöner Strand, bewegtes Baden
möglich.

Timmendorfer Strand ■ D 8, S. 119
Hier ist Sehen und Gesehen werden
angesagt. Der Strand der Schönen, der Reichen und solcher,
die vorgeben, beides zu sein. Das Pa-
radebad an der Ostseeküste Schleswig-Holsteins, besonders beliebt
beim älteren Publikum. Seit dem
Aquarium »Sealife« (→ S. 79) auch
bei Jüngeren.

Travemünde-Strand ■ E 8, S. 119
Der gepflegte, weiße Sandstrand
wird sogar von der Deutschen Bahn
angesteuert. Beim Sonnenbaden
kann man den großen Schiffen zuse-
hen, die direkt am Strand vorbeifah-
ren.

*Vom Maritiom-Hotel am Strand
von Travemünde schweift der
Blick über die Lübecker Bucht
(→ S. 80)*

An der Ostseeküste Schleswig-Holsteins ist jede Tour reizvoll, besonders im Mai, wenn der Raps blüht und auch bei bedecktem Himmel sonnenhell leuchtet.

Über Stock und Stein und Stoppelfeld: Radwandern im Herbst. In der ebenen Landschaft kann nur der Wind zum Hindernis werden.

Ausflug zur Hohwachter Bucht

Eine gemütliche Fahrradtour zu Herrenhäusern, Hünengräbern und alten Mühlen.

Das künstliche Feriendorf Weißenhäuser Strand bietet zahlreiche Freizeitaktivitäten.

Herrenhäuser gibt es fast wie Sand am Meer im so genannten Grafenwinkel. In diesem schönen Landstrich liegen auch Farve und Ehlersdorf.

Die Tour beginnt an der **Schleuse Weißenhäuser Strand** und geht erst einmal am Randkanal entlang. Das Hinterland liegt leicht hügelig hinter dem Strand, bei gutem Wetter ist der Weg leicht zu bewältigen. Ansonsten versinkt die Landschaft auch gerne einmal im Regen mit der Folge, dass es Fahrradfahrer etwas schwerer haben, Kurs zu halten.

Die Farver Mühle, in der man auch übernachten kann, wurde 1882 erbaut.

Hinter der Schutzhütte geht es rechts über die B 202 in den Wald. Der Weg ist sehr gut zu erkennen, Hinweisschilder gibt es genügend. Am Forsthaus heißt es dann links Richtung Farve abbiegen, die **Farver Mühle** dient auf diesem Abschnitt als Zeichen und Wegmarke in dieser ländlichen Umgebung. In der Mühle können Urlauber sich einmieten. Es wurde dort alles so belassen wie zu Müllers Zeiten. Die alten und schmalen Stiegen verlangen einen klaren Kopf. Der alte Mühlstein dient heute als Esstisch. Immer an der B 202 entlang geht es nach Hohenstein, einer unbedeutenden Ansammlung von Häusern. Hinter der Kirche abbiegen nach Ehlersdorf, dann am Wald vorbei nach Johannisdorf. Am Ortsausgang rechts nach Grammdorf abbiegen; an der Abzweigung nach Meischenstorf kann man ein Hünengrab bewundern, wie es sie in Holstein noch zahlreich gibt. In Grammdorf dann am Ende des Ortes wieder Richtung Farve fahren, das reetgedeckte Wasserwerk im Auge. Anschließend geht es wieder Richtung Ausgangspunkt Weißenhäuser Strand.

Vom Weißenhäuser Strand hat man einen herrlichen Blick auf die unter Naturschutz stehende Dünenlandschaft.

Dauer: ca. 2 Stunden; **Länge:** 18 km;
Karte: → S. 118/119

Rund um den Kellersee

Den Zauber Eutins machen seine Seen aus: Mehr als ein Dutzend ruhen wie große blaue Augen in der Landschaft. Der Kellersee hat es nicht ganz so zur lokalen Berühmtheit gebracht wie sein kleiner Bruder, der Uklei-See. Der Kellersee ist eher von prosaischer Natur, ein Nutzsee, auf dem die Ausflugsschiffe verkehren. Über dem Uklei-See liegt dagegen der Segen der Sage. Hier sollen um Mitternacht Elfen aus dem Wasser steigen und ihr Klagelied anstimmen, das schon manches Herz zerrissen haben soll. Aber Genaueres ist nie bekannt geworden. Deshalb wollen wir uns hier lieber an den Kellersee halten, sicher ist sicher.

Auf dem Kellersee verkehren auch Ausflugsdampfer. Sie legen u.a. in Malente, Plön und Timmendorf an.

Von Eutin geht es Richtung Norden zum **Fissauer Fährhaus,** einer Anlegestelle für die Schiffe der Seen-Fahrten. Der Weg führt am Wasser entlang nach Uklei und weiter nach Sielbeck. Am Nordufer des Sees verfolgen wir den Weg in Richtung **Malente,** dem Erholungsort, in dem die deutsche Fußball-Nationalmannschaft gerne vor großen Turnieren Kraft tankt. Immer Wälder und Wiesen vor Augen. Kurz vor Malente erhebt sich das Gebäude der Landesfinanzdirektion an der Stelle, an der früher das Hotel stand, das der Holsteinischen Schweiz ihren Namen gab. Im Ortsteil Kreuzfeld kann man den größten Findling Schleswig-Holsteins bestaunen. Das 126 Tonnen schwere Ungetüm ist leicht zu finden: Schilder weisen den Weg zum Kies- und Schotterwerk am Ortsrand von Kreuzfeld. Hinter Malente folgen dann bald Anlegestellen für die **Seenschifffahrt.** Nach ein paar hundert Meterr auf der Landstraße geht es hinter dem **Gut Rothensande** links in Richtung Prinzenholz. In Ufernähe fahren wir zurück zum Fissauer Fährhaus.

Malente ist das einzige Kneipp-Heilbad Schleswig-Holsteins.

Eine Fünf-Seen-Fahrt per Schiff gehört in der Holsteinischen Schweiz zu den schönsten Erlebnissen.

Dauer: ca. 3 Stunden; **Länge:** 20 km; **Karte:** S. 118/119

Einmal quer durchs Land

Soldaten und Ochsen benutzten ihn und gaben ihm seinen Namen: Heerweg oder Ochsenweg. Auf seinen Spuren kann man der Vergangenheit nachgehen.

Quer durch Schleswig-Holstein führte von der Bronzezeit bis tief ins 19. Jahrhundert der so genannte **Heerweg**. Bis ins Mittelalter hinein wurde diese staubige Nord-Süd-Verbindung vor allem von Soldaten benutzt, daher die Bezeichnung. Dann setzte sich die zivile Nutzung durch, und der Heerweg bekam einen anderen Namen: **Ochsenweg**. Leider sind von Heerweg oder Ochsenweg, der über weite Strecken parallel zur Bundesstraße B75 verläuft, nur noch einzelne Abschnitte erhalten. Im Jahr 1617 sollen 12 000 Tiere auf den großen Tiermarkt nach Wedel getrieben worden sein. In Oeversee machte man gern im »Historischen Krug« Rast, der damals natürlich noch nicht historisch war, und erbat sich in der örtlichen Kirche Schutz vor Wegelagerern, die im **Kropper Busch** wenige Kilometer südlich von Schleswig auf Beute lauerten. Ein Teilstück des alten Ochsenweges, der unter Naturschutz gestellt worden ist, kann heute immer noch begangen werden. Er erstreckt sich zwischen dem steinzeitlichen **Hünengrab**, der so genannten »Idstädter Räuberhöhle«, fünf Kilometer von Lürschau.

Der »Historische Krug« ist seit 1815 in Familienbesitz. Dem Traditionsrestaurant ist ein schönes Hotel angeschlossen.

Eine Stunde südlich von Lürschau kann man in Schuby im »Deckerkrug« einkehren, den es auch schon im 16. Jahrhundert gegeben hat, damals an anderer Stelle. In Kropp, südlich von Schleswig, kann man vom Gasthof »Kropperbusch« zum historischen Landgasthof »Sorgbrück« wandern, in dem auch Gustav Wasa 1519 Rast machte. Der spätere König von Schweden war zu der Zeit in dänischer Gefangenschaft. Um zu entkommen, hatte er sich als Ochsentreiber verkleidet und war nach Lübeck geflüchtet.

Dauer: 8 Stunden; **Länge:** 25 km

Bootsfahrt auf der Schlei

Eine unterhaltsame Bootspartie, die auch Augus-te Viktoria, der letzten deutschen Kaiserin, ge-fallen hätte, die sich gerne in Schleimünde auf-hielt.

Die Schlei ist eines der besten Segelre-viere an der Ostsee.

Mit rund 40 Kilometern Länge ist die Schlei die längste Förde an der Ostseeküste. Der Fluss trennt die Landschaften Angeln und Schwansen. Auf einer Fahrt mit dem Oldtimerschiff »Wappen von Schleswig« lässt sich diese Landschaft mit ihren sanften Erhebungen stimmungsvoll erleben. Vom Anleger in Schleswig geht es vorbei an der **Möweninsel** und dem Yachthafen von **Haddeby**. Gleich hinter Stexwig zeigt sich das Anwesen von **Louisenlund,** heute ein Internat für die besseren Kreise. Früher gehörte das Schloss zum riesigen Besitz des Herzogs von Schleswig-Holstein-Son-derburg-Glücksburg.

An der Großen Brei-te vor der Landzun-ge Kielfoot erweitert sich die Schlei fast seenartig.

Bei **Missunde** passiert das Schiff die engste Stel-le der Schlei, die für den Autoverkehr von einer per Seilzug betriebenen Fähre überquert wird. Bei Lindaunis überquert die Eisenbahn die Schlei auf einer Klappbrücke, vorbei geht's an Sieseby, bis bald **Arnis** in Sicht kommt. Ehe das Schiff in Schleimünde anlegt, passiert es das so genannte **Kaisereck,** von wo aus die letzte deutsche Kaiserin die Aussicht über die Mündung genoss. Weil die Ostsee ständig eine Sandbarriere vor der Mündung aufbaut, muss diese laufend offen gehalten wer-den.

Dauer: 3 Stunden; **Karte:** → S. 116

Dänemark hin und zurück

Flensburg, Deutschlands nördlichste Stadt, liegt auf 54°47' nördlicher Breite.

Von der Schiffbrücke in **Flensburg** legten früher nicht nur die Butterschiffe ab, sondern auch die Schiffe nach **Kollund**, der Fördestadt, direkt gegenüber in Dänemark gelegen – und diese Fahrt mit dem Ausflugsdampfer können Sie auch nach Abschaffung der zollfreien Einkaufstouren noch unternehmen. Sie dauert etwa eine halbe Stunde und erlaubt einen Blick auf das Hafenpanorama.

Man fährt an dem Gelände der **Flensburger Werft** vorbei mit ihrem gewaltigen Hallenbau, auf der Ostseite liegt die **Marineschule**. Ein Blick zurück lohnt in diesem Fall wirklich. Links und rechts der Hafenspitze und den alten Kais zieht sich die Stadt die Hänge hinauf. An den Kais haben **Museumschiffe** festgemacht und die alte »Alexandra«, ein Dampfschiff aus der Kohlezeit. Wie früher in ihren besten Jahren scheint die »alte Dame« darauf zu warten, dass die Leinen losgemacht werden. Linker Hand reckt die Johanniskirche ihren schlanken Hals in die Luft, rechter Hand überragt der Turm des Alten Gymnasiums, Flensburgs Traditionsschule, alles andere. Dann sind wir auch schon im Ausland.

Im Flensburger Museumshafen liegen etwa 20 wunderschöne alte Holzsegelschiffe vor Anker.

In **Kollund** geht es zu Fuß weiter. Wir gehen den Pfad entlang, der 50 Meter hinter dem Anleger links in den Wald hinaufführt. Von dort aus verläuft der Weg immer am Ufer entlang, aber in der lichten Höhe von 20 Metern über dem Wasserspiegel, durch den Wald in Richtung Westen. Es ist sinnvoll, sich auf eine kleine Berg- und Talwanderung einzustellen. Der Regen hat im Laufe der Jahrtausende kleine Schluchten, so schmal wie Gletscherspalten, in das weiche Erdreich gegraben. Und wenn es wieder einmal geregnet hat, ist der Boden morastig, und es kann für einen unerfahrenen Wanderer unangenehm feucht werden, wenn er vom Weg abkommt. Die Brücken über manche Abgründe sind auch nicht gerade neu – also Vorsicht ist in jedem Fall geboten. Aber der Wald belohnt die Mühe und zeigt sich im Sommer von seiner angenehm kühlen Seite. Die Ausblicke von der Höhe lohnen den Weg auf jeden Fall.

Nach 45 Minuten erreicht man einen kleinen Grenzübergang, der allerdings nur im Sommer besetzt war. Die Hütte sah und sieht gar nicht aus wie ein offizieller Kontrollpunkt, aber man täusche sich nicht. Wer es früher wagte, die Schranke zu überspringen, weil kein Beamter weit und breit in Sicht war, der musste damit rechnen, nach einigen Metern vor einem dänischen Beamten mit Schäferhund zu stehen, der die Papiere sehen wollte.

Die Grenze zwischen dem nördlichen und südlichen Teil des ehemaligen Herzogtums Schleswig wurde erst 1920 gezogen.

Hinter dem Grenzübergang geht es noch einige hundert Meter am Ufer der Förde entlang bis nach Wassersleben. Von hier fahren Busse zurück in die Stadt Flensburg, von der ein Journalist Ende des 19. Jahrhunderts schwärmte: »Wenn nur die warme Luft des Südens nicht fehlte, so könnte man die holdesten Orte in Thessalien und Sizilien mit dieser Talstadt vertauschen.«

Für Dänemark-Reisende: oft der erste und der letzte Blick – der Leuchtturm an der Hafeneinfahrt.

Dauer: 3 Stunden

Auf die Prinzeninsel

Die Prinzeninsel ist noch heute Privatbesitz des Hauses Hohenzollern.

Die Prinzeninsel reckt sich als Landzunge unterhalb des Plöner Schlosses in den Plöner See. Plön war zur Kaiserzeit überaus populär. Die Monarchen waren von dem Schloss begeistert. Der Name Prinzeninsel geht auf die beiden Söhne des letzten deutschen Kaisers Wilhelm II. zurück, die in der Kadettenanstalt im Schloss ihren militärischen Schliff erhalten sollten. Die Nazis räumten später das Gebäude und machten aus dem Bau eine Erziehungsanstalt. Erst 1881, als man den Wasserspiegel des Sees absenkte, wurde aus der Insel eine Landzunge, die für die Öffentlichkeit seit 1918 zugänglich ist. Doch die Stadt war schon lange vorher ein Pilgerziel der Touristen, die alle nur die Prinzen sehen wollten.

Unterhalb des Schlosses führt ein Wanderweg unter einer Bahnlinie hindurch auf die Insel. Besonders im Frühjahr ist es nicht zu überhören, dass bis zu 200 verschiedene Vogelarten übers Jahr hierher kommen, um zu brüten, zu rasten oder zu überwintern. Nach ein paar hundert Metern, die man unter großen Linden dahinschlendert, liegt linker Hand eine Kleingartenkolonie mit dem Namen Kamerun, wahrscheinlich eine Erinnerung an die ehemalige deutsche Kolonie in Afrika. Auf die Laubenpieper folgt ein Friedhof, auf dem gefallene Matrosen aus den beiden Weltkriegen ihre letzte Ruhe gefunden haben. Weiter geht es auf dem Hauptweg, der gleichzeitig ein Naturlehrpfad ist, immer geradeaus, bis am Waldrand das **Niedersächsische Bauernhaus**, ein Restaurant, in dem man im Sommer rustikal essen kann, in Sicht kommt. Auf diesem ehemaligen Bauernhof wurden die beiden Prinzen während ihrer Ausbildung in Gartenbau und Landwirtschaft unterrichtet. Eine reetgedeckte Hütte an der Spitze der Insel markiert den Platz, den die letzte Kaiserin bevorzugt besuchte. Von dem Bauernhaus kann man auch mit dem Boot nach Plön zurückfahren.

Das Restaurant verkauft auch schmackhafte Räucherspezialitäten als kulinarische Souvenirs.

Dauer: 2 Stunden; **Länge:** 7 km

Rasante Fahrt durch Schleswig-Holstein

Die Deutsche Bahn AG spart zwar auch im hohen Norden, wo sie kann, aber sie hat sich auch etwas durchaus Neues einfallen lassen: Zwischen Flensburg und Lübeck, der traditionellen Küstenstrecke, verkehrt die erste Regionalschnellbahn Deutschlands. Das Wort Schnellbahn sollte man allerdings nicht auf die Goldwaage legen. Denn erstens ist der Zug von der Durchschnittsgeschwindigkeit eines Intercity noch um einiges entfernt, und zweitens ist es ja gerade der Sinn der Sache, dass der Zug nicht so durch die Landschaft saust, dass einem die Ohren dröhnen. Der »Förde-Express« leistet sich dazu noch den Luxus, unterwegs an 16 Bahnhöfen zu halten.

16 Bahnhöfe auf 161 Kilometern – Zwischenstopps erwünscht!

Auf seiner Fahrt durchs grüne Land werden diverse Buchten gestreift, Flüsse und Förden überquert, und es geht vorbei an über 100 Seen. Endlich einmal eine gute Idee der Bahner: Denn auf diese Weise lässt sich nicht nur in knapp drei Stunden ein Bundesland erfahren. Wer von außerhalb kommt, hat außerdem Gelegenheit, mit den Einheimischen in Kontakt zu treten, denn der Zug wird auch von Pendlern benutzt und ist beileibe keine bloße Touristenattraktion.

Die Reise geht von Norden nach Süden. Nördlichster Bahnhof ist Flensburg, südlichster Lübeck. Von **Flensburg** fährt der Zug zunächst quer durchs Angeliter Land mit seinen sanft gewellten Feldern, die so sehr an die Holsteinische Schweiz erinnern, über Sörup mit seiner von einem Löwenportal gestützten **Wehrkirche**; hinter Süderbrarup geht es über eine Klappbrücke über die Schlei Richtung Eckernförde, der Stadt mit dem Eichhörnchen im Wappen.

Flensburg wurde über 400 Jahre von der dänischen Krone regiert – das ist bis heute sicht- und spürbar.

Von Eckernförde fährt der Zug durch den **Dänischen Wohld** und lässt dabei einige Ausblicke auf die Ostsee zu. Über Kiel geht es weiter in die Holsteinische Schweiz. Hinter Preetz fährt der Ex-

Die herrliche Altstadt von Preetz mit der Klosterkirche aus dem 13. Jahrhundert sollten Sie sich nicht entgehen lassen.

press mit hundert Sachen vorbei an den Seen dieser Landschaft. Plön fliegt vorbei, dann kommt schon Malente in Sicht, ehe es weiter nach Eutin und Bad Schwartau geht. In **Lübeck** ist Endstation – eine Reise quer durch die Vergangenheit mit der Deutschen Bahn von heute.

Sportliche Urlauber mit etwas Zeit nehmen ihr Fahrrad für Fahrtunterbrechungen mit oder begeben sich auf den Ostküsten-Radweg, der von Flensburg nach Lübeck führt.

Wem die Fahrt mit der Bahn nicht alles ist, der kann auch sein Fahrrad mit auf die Reise nehmen. Das lohnt sich vor allem für all diejenigen, die nicht an einem Tag das vielseitige Land zwischen Flensburg und Lübeck »abhaken« wollen, sondern Unterbrechungen eingeplant haben. Schließlich gilt für den »Förde-Express« in ganz besonderem Maße, dass die Reise das Ziel ist und nicht etwa die schnellstmögliche Beförderung von A nach B. Weil die Bahnhöfe nicht sehr weit voneinander entfernt liegen, lassen sich bequem kürzere Wegstrecken mit dem Drahtesel einlegen. Wer unterwegs keine Rast gemacht hat, kann sich inzwischen – die Bahn ruht nicht – auf den meisten Bahnhöfen mit kleinen Erfrischungen stärken. Auf größere Gruppen ist der Zug allerdings nicht vorbereitet. In einem solchen Fall sollte unbedingt reserviert werden.

Eine sportliche Alternative zum Schienenstrang der Bahn stellt beispielsweise der Ostseeküsten-Radweg dar. Diese Radwanderroute führt von Flensburg aus die Küste entlang über Kiel bis zur Insel Fehmarn und dort aus weiter bis nach Lübeck. Selbstverständlich wird die über 450 Kilometer lange Strecke vom Ostseebäderverband Schleswig-Holstein in beiden Richtungen betreut. Das Radwegenetz ist hervorragend ausgebaut und ausgezeichnet ausgeschildert. Selbst wer ohne Karte unterwegs ist, dürfte sich in dem weiten flachen Land kaum verfahren.

Das Lübecker Rathaus mit der überaus kunstvoll gearbeiteten Renaissance-Prunktreppe ist nur eines von vielen »Argumenten«, warum Sie die Bahnfahrt öfter mal unterbrechen sollten (→ S. 73).

Auskunft: Deutsche Bahn AG; **Dauer:** ca. 3 Stunden; **Länge:** 161 km; **Karte:** → S. 116–121

Von Buddelschiffen bis Butterfahrten, von Kurtaxe bis Marzipan erfahren Sie hier viel Wissenswertes über die Ostseeküste Schleswig-Holsteins.

*Der Schein trügt:
Wer einen Platz im Strandkorb ergattern möchte,
sollte früh aufstehen.*

Mit dem Auto

Wer mit dem Auto eine Küstenfahrt unternehmen will, braucht ein bisschen Zeit. Zwar sind die großen Städte alle über die Autobahnen zu erreichen, eine Fahrt von Hamburg nach Flensburg auf der A 7 dauert ungefähr 90 Minuten, aber die Bundesstraßen an den Buchten und Förden lassen keine flotte Fahrt zu.

Die A 1 von Lübeck nach Puttgarden, die der Vogelfluglinie folgt, ist zwar bis zur Hansestadt dreispurig ausgebaut, dann aber wird sie zweispurig. Das kann im Sommer schon mal zu langen Staus führen, besonders natürlich dann, wenn die Urlaubswellen anbranden. Aber auch die Gewohnheit vieler Hamburger, am Timmendorfer Strand zu surfen, um dann am Abend die Autobahn zu verstopfen, führt zu lästigen Begleiterscheinungen.

Ansonsten werden die Bundesstraßen zügig ausgebaut, mit Behinderungen wird aber wohl auch noch in den nächsten Jahren zu rechnen sein, das gilt insbesondere für die Strecke von Lübeck nach Kiel.

Mit dem Zug

Die Deutsche Bahn AG meint es nicht allzu gut mit dem hohen Norden, auch im Osten nicht. Im Winter kann es schon einmal passieren, dass nach 22 Uhr kein Zug mehr von Hamburg nach Flensburg fährt. Von Kiel oder Eckernförde gar nicht zu reden. Die Bemühungen der Bahn konzentrieren sich vor allem auf den Nahverkehr und hier besonders auf die Zeiten, in denen der Berufsverkehr bedient werden will. Dass unter diesen Voraussetzungen auf die Ausstattung der Züge nicht unbedingt der größte Wert gelegt wird, ist deutlich zu merken. So paradox es auch klingen mag, die Bahn scheint im Flächenland Schleswig-Holstein darauf zu setzen, dass sich jeder um sein eigenes Fortkommen schert und sich dabei nicht auf die Schiene verlassen sollte. Aber immerhin ist die Strecke Hamburg–Flensburg 1995 elektrifiziert worden. Das heißt, dass auch IC und ICE in den hohen Norden fahren.

Mit dem Schiff

Die traditionellen Butterfahrten, mit denen Flensburger Reedereien in den achtziger Jahren sehr gute Geschäfte einfahren konnten, sind vorbei, seit die EU ihren Einspruch geltend machte. Seitdem gibt es nur noch die kleine Ration, und die reizt nur noch notorische Butterfahrer.

Dänemark wird von Flensburg, Gelting, Kappeln und Eckernförde aus angesteuert. Wer zum Beispiel nach Marstall auf der Insel Äerö will, der kann zweimal pro Woche, allerdings nur im Sommer, die kleine Tour machen. Die Schiffsfahrten machen nicht nur Spaß, auf ihnen kann man auch etwas über die Lebensart des nördlichen Nachbarn lernen. Den kleinen Grenzverkehr pflegt der Pendelverkehr von Flensburg nach Kollund in Dänemark. Eine halbe Stunde Fahrt, dann ein Spaziergang und ein Hot-Dog an Land und wieder zurück. Und das alles für ein paar Mark.

Kiel ist neben Travemünde der Verbindungshafen zu den übrigen skandinavischen Ländern. Von Kiel geht es inzwischen auch in die baltischen Staaten und ins ehemalige Königsberg. In jedem Hafen bieten Kutterfahrer ihre Dienste an, mit denen man aufs Meer hinausfahren kann, um Makrelen oder Heringe zu angeln.

Mit dem Flugzeug

Wer fliegen will, wird es nicht ganz leicht haben, einen entsprechenden Landeplatz zu finden. Der Flughafen von Flensburg sollte eigentlich zu einem Wohngebiet umfunktioniert werden, aber dann hat man doch anders entschieden: Flensburg darf seinen Airport behalten. In Kaltenkirchen vor den Toren Hamburgs wird vorerst kein neuer Großflughafen entstehen, und so bleibt nur der Kieler Airport, klein, aber fein und gerne genutzt von der Kieler Polit-Prominenz für Kurz-Trips nach Berlin. Von Kiel kann jedermann auch per Linienflug nach Westerland fliegen. Das ist allerdings ein kurzes, dafür aber sehr schönes Vergnügen.

Auskunft

Tourismus Agentur Schleswig-Holstein (TASCH)

■ d 3, Klappe hinten
Niemansweg 31; 24105 Kiel;
Tel. 04 31/56 00 100 (kostenpflichtig wird die Nummer dann, wenn das Sekretariat besetzt ist, dann geht der Anruf auf eine Hotline), Fax 7 56 00 140; Internet: www.sht.de

Infomaterial und Broschüren für die gesamte Ostseeküste Schleswig-Holsteins können über die kostenpflichtige Hotline 01 80 5/700 708 bestellt werden.

Arbeitsgemeinschaft Urlaub auf dem Bauernhof
Landwirtschaftskammer Schleswig-Holstein

Holstenstr. 106–108, 24103 Kiel;
Tel. 04 31/9 79 72 39; Internet: www.bauernhof-erlebnis.de

Camping

Die gesamte Ostseeküste ist geradezu gespickt mit Campingplätzen. Allerdings sind viele Camper Dauercamper, so dass sich eine rechtzeitige Anmeldung empfiehlt. Über die Tourismus Agentur Schleswig-Holstein ist ein Sonderprospekt Camping zu beziehen.

Immer mehr Urlauber wollen sich nicht mehr mit einem Zelt oder einer einfachen Hütte bescheiden. Ein Haus auf Rädern ist da genau das Richtige. Der Boom der rollenden Häuser macht sich zur Sommerzeit auch auf den Straßen und Parkplätzen Schleswig-Holsteins bemerkbar.

Entfernungen (in km) zwischen wichtigen Orten an der Ostseeküste Schleswig-Holsteins

	Burg	Eckernförde	Eutin	Flensburg	Grömitz	Kappeln	Kiel	Lauenburg	Lübeck	Schleswig
Burg (Fehmarn)	–	111	60	170	45	140	87	150	88	138
Eckernförde	111	–	77	58	98	29	24	153	111	26
Eutin	60	77	–	131	28	105	45	102	39	100
Flensburg	170	58	131	–	156	48	82	195	160	37
Grömitz	45	98	28	156	–	127	74	112	49	124
Kappeln	140	29	105	48	127	–	53	182	140	40
Kiel	87	24	45	82	74	53	–	129	100	50
Lauenburg	150	153	102	195	112	182	129	–	63	177
Lübeck	88	111	39	160	49	140	100	63	–	137
Schleswig	138	26	100	37	124	40	50	177	137	–

Mittlerweile wird für diese Form des Tourismus gut gesorgt. Auf den Campingplätzen sind meist spezielle Stellplätze für sie reserviert. Tagesgäste können dort ihre Wassertanks auffüllen. Aber auch in Schleswig-Holstein gilt: Das Übernachten auf öffentlichen Parkplätzen ist nicht gestattet. Auch wenn die Polizei im Sommer so manches Auge zudrückt.

Einkaufen

Jede Stadt hat so ihre kleinen Eigenheiten. In Flensburg wird die maritime Vergangenheit gepflegt, wie wäre es da mit einem **Buddelschiff** oder einem kleinen Holzmodell eines Kutters. In Schleswig befindet sich die Bevölkerung einmal im Jahr im Wikingerrausch, da bieten sich ein paar **Wikinger-Nachbildungen** doch geradezu an. Rund um Kiel gibt es noch eine Reihe von **Fischräuchereien,** und

wer Frischgeräuchertes liebt, sollte sich hier eindecken. Als Mitbringsel beliebt sind auch geräucherte **Schinken**. Sie halten sich und werden (manchmal) mit der Zeit sogar noch besser. Lübeck natürlich ist die **Marzipanstadt,** und wer will, kann einfach alles in Marzipannachbildung haben. Ein anderes beliebtes Mitbringsel aus der Königin der Hansestädte ist der Rotspon, ein leichter **Rotwein,** der schon vor 400 Jahren sehr beliebt war. Kein besonders edler Tropfen, aber dafür sehr bekömmlich. Ein Wort noch zum Tee. Beliebt ist er mittlerweile auch an der Küste und wird oft getrunken. So konnte sich in den letzten Jahren fast in jeder Stadt ein gut sortierter Teeladen etablieren. Tee mit einem Schuss Rum, das passt zu jeder Jahreszeit.

Kunsthandwerk nach jedem Geschmack

In der letzten Zeit hat das Kunsthandwerk an Bedeutung gewonnen, und Teller, Kannen oder individuell geformte Tassen mit den schönsten Motiven sind überall da zu haben, wo

»Wie kommt das Schiff in die Flasche...?« Ein Buddelschiff gehört zu den beliebtesten Mitbringseln.

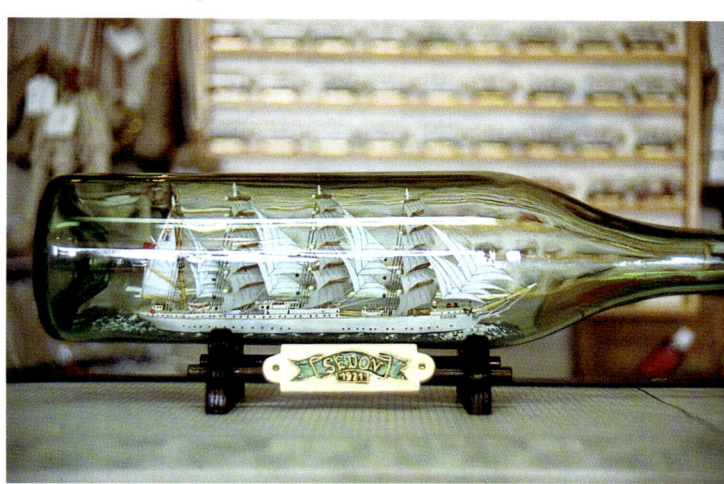

sich regelmäßig Touristen zeigen. In den Städten lohnt es sich, einmal die Fußgängerzone zu verlassen. Denn die meist noch jüngeren Kunsthandwerker haben selten das Geld für teure Ladenmieten und warten deshalb in Nebenstraßen auf ihr Glück, sprich die Kunden.

Unter den Kunsthandwerkern hat sich die Gilde der **Töpfer** als besonders aktiv erwiesen. In nahezu jeder Stadt, ja fast in jedem Dorf wird mittlerweile aus Ton gebrannt.

Kunst konkret

Die große Kunst, die zwar auch etwas mit Handwerk zu tun hat, aber eben doch etwas ganz anderes ist, hat es traditionell etwas schwerer im Land zwischen den Meeren. Um die Jahrhundertwende existierte zwar ein paar Künstlerkolonien, aber deren Ruf hat sich nur in den Kunstlexika gehalten. Die Maler kamen, sahen, malten einen Sommer, aber sie blieben nicht. Vermutlich war ihnen die Freiluftsaison einfach zu kurz. Galeristen haben es auch heute nicht ganz leicht. Der Schleswig-Holsteiner ist für Abstraktes nicht so recht zu begeistern, und vielleicht erklärt sich auch daher, dass viele Galerien mit Vorliebe maritime Motive anbieten. Einheimische Künstler geben dem Drang der Käufer nach handfesten Motiven gerne nach, und so ist bestens bedient, wer Kunst sucht, die etwas zeigt, was jeder kennt: Himmel, Wasser und Landschaft.

Feste und Festspiele

Februar
Kieler Umschlag, Hafenfest
Das traditionelle Volksfest der Hauptstädter erinnert in groben Zügen an einen mittelalterlichen Jahrmarkt. Jede Menge Buden und Karussells, dazu allerlei zu essen und zu trinken.
Ende Februar

Mai
Alberscorfer Pfingstvolksfest
In Albersdorf trifft man sich, wenn die Sonne wieder etwas mehr an Kraft gewonnen hat. Das bringt es mit sich, dass der Holsteiner dann auch etwas mehr aus sich herausgeht.

Witthüser Pfingstmarkt am Weissenhäuser Strand
Am Weissenhäuser Strand findet alljährlich eine Art Flohmarkt für die gehobenen »Lumpensammler« statt. Das leibliche Wohl steht im Vordergrund, was sonst.

Heikendorfer Festtage
Karussells und Buden, Händler und Marktschreier, was will man mehr, um sich einigermaßen zu amüsieren? In Heikendorf ist Jahrmarkt.
Mitte Mai

Kappelner Heringstage
In Kappeln steht der letzte noch erhaltene Heringszaun Europas, wenn das kein Anlass ist, um ein bisschen auf die Pauke zu hauen. Es gibt Fisch in riesigen Mengen und natürlich Hering.
Ende Mai

Rumregatta in Flensburg
Die Rumregatta in Flensburg hat sich in den letzten Jahren zum festlichen Höhepunkt der Stadtsaison entwickelt. Jedes Jahr kommen Segel-Oldtimer in den Hafen.
Wochenende nach Christi Himmelfahrt

Juni bis August
Schleswig-Holstein Musik Festival
In den Scheunen und Ställen des Landes wird musiziert, eine Freude für Ohr und Auge.

Kieler Woche
Hundert Jahre ist sie alt, die Kieler Woche, und immer noch die größte Attraktion in der Freiluftsaison. Re-

gatten auf dem Wasser. Unterhaltung an Land. Im Juni wacht die Stadt dann auf.
2. Junihälfte

Segeberg: Karl-May-Spiele
Pierre Brice war der letzte große Indianer, den Old Shatterhand zum Freund hatte. Jetzt reiten andere Helden in den Kalkbergen, um die Traumwelt Karl Mays am Leben zu halten.
Juli/August

Juli/August
Eutiner Festspiele
Eutin war schon immer der Musenhof des Landes. Hier wird die klassische Kultur zelebriert: alles Theater und Singspiel.

Grömitzer Woche
Das Strandbad feiert sich selbst mit einem Budenzauber.

Juli
Heiligenhafen: Hafen-Tage
Segler und Hafen, das gehört zusammen wie Pech und Schwefel. Einmal im Jahr kommt Flair in die Bettenburg an der Ostsee.

Travemünder Woche
Das feine Travemünde pflegt seinen guten Ruf als das etwas bessere Bad. Hier geht der Budenzauber nobel über die Bühne.
Ende Juli (2. Julihälfte)

September
Lübecker Hafenfest
Die Altstadt als eine einzige Vergnügungsmeile – was will man mehr.

FKK

Hüllenloses Baden oder Sonnen ist in Schleswig-Holstein kein Problem. Beliebt bei Familien ist der Weißenhäuser Strand. Ansonsten haben einzelne Strände besondere FKK-Bereiche ausgewiesen, und jeder ist frei, zu tun und zu lassen, was ihm gefällt.

Herrenhäuser

An der Ostsee gibt es noch 140 Herrenhäuser. Die meisten befinden sich in Privatbesitz, und die Besitzer sehen es gar nicht gerne, wenn Fremde in ihrem Garten herumstreunen. Über die Schleswig-Holstein Tourismus GmbH ist eine Liste mit den Herrenhäusern zu bekommen, die besichtigt werden können.

Internet

www.schleswig-holstein.de
Umfassende Informationen über das Bundesland, von Politik, Verkehrsverbindungen bis zu kulturellen Informationen. Viele Links.

www.sht.de
Website der Tourismusagentur Schleswig-Holstein Tourismus. Informationen vom aktuellen Wetterbericht über Urlaubsaktivitäten bis zu einer Übersicht über die Fremdenverkehrsämter.

Spezielle Adressen finden Sie bei den einzelnen Orten oder Sehenswürdigkeiten.

Kurtaxe

Viele Gemeinden sind auf diese Einnahmen angewiesen, weil sie sonst kein Geld hätten, ihre Strände sauber zu halten. Trotzdem kann man überall an der Ostseeküste baden, ohne seinen Obulus zu entrichten.

Medizinische Versorgung

Notarzt
Tel. 112

Pollenflugvorhersage
Tel. 1 16 01 (Flensburg, Heide, Kiel, Lübeck), sonst Tel. 01 16 01
April–Aug. Mo–Fr 10–18 Uhr

Verkehrsverbindungen

Wenn anderswo in Deutschland die Autos dicht an dicht stehen, bleibt an der Küste alles in Fluss. Der Verkehr hält sich in Grenzen. Ausgenommen werden muss allerdings der Verkehr zwischen Schleswig-Holstein und Mecklenburg-Vorpommern, der um Lübeck und Ratzeburg oft unerwartet stark sein kann.

Die Einheimischen zählen in der Regel nicht zu den wildesten Fahrern, was aber nicht unbedingt für die Jugend auf dem Lande gilt: An Wochenenden ist wie überall Sturm-und-Drang-Zeit. Abends fahren Busse nur noch sporadisch.

Fahrrad
Es gibt kaum ein größeres Vergnügen, als zur Rapsblüte im Mai/Juni durch die gelben Felder zu radeln. Abseits der Bundesstraßen ist das Netz der kleineren Straßen sehr gut ausgebaut, und auch wer mit Kindern unterwegs ist, muss nicht befürchten, von rücksichtslosen Autofahrern von der Straße gedrängt zu werden.

In der Regel gilt: Der direkte Zugang zum Strand wird meist von einer sehr befahrenen Straße begrenzt. Wer sich dagegen ein paar Kilometer ins Landesinnere orientiert, und das gilt gleichermaßen für die Lübecker Bucht wie die Landschaft Angeln, wird seine Ruhe haben. Selbst die Wanderwege lassen in der Regel das Fahren mit einem normalen Tourenrad zu, allerdings sollte man sich nur im Sommer auf diesen Pfaden bewegen, weil sonst der

Die genauen Klimadaten von Kiel

		Januar	Februar	März	April	Mai	Juni	Juli	August	September	Oktober	November	Dezember
Durchschnittl.	Temp. in °C Tag	2,2	2,7	5,6	11,1	15,4	19,4	21,5	21,1	18,0	12,6	7,4	4,1
	Nacht	-1,9	-1,9	0,1	3,5	6,9	10,5	13,0	13,1	10,5	6,7	3,1	0,3
Sonnenstunden pro Tag		1,3	2,2	3,1	5,3	7,6	7,8	7,2	6,2	4,8	3,0	1,6	0,8
Regentage		18	16	13	13	12	14	15	15	15	17	19	19
Wassertemp. in °C		3	2	3	5	9	13	16	17	15	12	8	5

Quelle: Deutscher Wetterdienst, Offenbach

Matsch bis zu den Knien spritzt, wenn es einen nicht sogar vom Rad reißt.

Neu ist der Versuch, an Ortsein- und -ausgängen die Straße zu veren- gen, um so dem Verkehr die Ge- schwindigkeit zu nehmen. Wahr- scheinlich wird auch dieser Versuch der Verkehrsberuhigung zum Schei- tern verurteilt sein, zumal der ge- bremste Autofahrer, auf freier Strecke, seinen aufgestauten Aggres- sionen freien Lauf lassen kann, und das heißt für Fahrradfahrer: Vorsicht!

Vielleicht noch dieses: Da es im Land jede Menge Wasserstraßen gibt, ist auch der Fährverkehr eini- germaßen ausgeprägt. Aber der Mensch, der sein Heil zu Fuß und ab- seits der großen Wege sucht, wird Ruhe und Abgeschiedenheit finden, und er muss nicht einmal lange da- nach suchen. Oft führen Pfade direkt an den Küsten entlang, die nur zu Fuß zu bewältigen sind. Nicht einmal Fahrradfahrer schaffen überall den Kurs hart am Wind. Da hilft nur noch: absteigen.

Fähre

Von fast jedem Hafen an der Ost- seeküste kann man Fahrten nach Dä- nemark unternehmen. Die EU hat vor einiger Zeit die Große Ration unter- sagt, also fahren die Butterschiffe nur noch die kürzeren Routen. Über den ADAC in Kiel ist ein Faltblatt zu bekommen, das über sämtliche Fähr- verbindungen in die skandinavischen Länder informiert.

ADAC
Saarbrückenstr. 54, 24114 Kiel;
Tel. 04 31/6 60 20

Naturparks

Naturpark Aukrug
Tel. 0 48 73/14 55

Naturpark Holsteinische Schweiz
Tel. 0 45 23/23 56

Naturpark Hüttener Berge
Tel. 0 43 53/8 13

Naturpark Lauenburgische Seenplatte
Tel. 0 45 41/20 06

Naturpark Westensee
Tel. 0 43 92/48 66

Notruf

Pannendienst ADAC
Lübeck
Tel. 04 51/1 92 11
Kiel
Tel. 04 31/1 92 11

Polizei
Tel. 1 10

Post

Die meisten Postämter haben Mo–Fr von 8–12 und 14–18 Uhr geöffnet.

Seewetterbericht

Tel. 1 15 09 (Flensburg, Heide, Kiel, Lübeck), sonst Tel. 01 15 09

Strandkörbe

Wer zum Beispiel in Timmendorfer Strand in der Hochsaison gegen 10 Uhr morgens einen Strandkorb mieten will, der ist höchstwahr- scheinlich zu spät dran. Es ist (leider) wie auf Mallorca: Man muss früh raus und sich sein Körbchen sichern. Mit dem Handtuch reservieren gilt nicht: An der Küste muss gleich und sofort bar bezahlt werden. Ein Tag kostet um die 7,50 €. Schnäppchen gibt es nicht – und die Kontrolleure sind so wachsam wie die neugierigen Möwen am Strand. Sofort bitten sie den Urlauber zur Kasse.

Wirtschaft

In Schleswig-Holstein leben auf einer Fläche von 15 730 qkm 2 594 600 Menschen, die ein Bruttosozialprodukt von 85 Milliarden DM erwirtschaften. Kiel als Landeshauptstadt ist mit 243 000 Einwohnern zugleich die größte Stadt des Landes. 74 Prozent der Bevölkerung sind evangelisch, 6 Prozent katholisch, Sonstige 19,7 Prozent.

Zeitungen

In Schleswig-Holstein regiert der Schleswig-Holsteinische Zeitungsverband, der auch maßgeblich an dem Privatsender »RSH« beteiligt ist. Sein direktes Einflussgebiet reicht von Flensburg bis nach Neumünster. Die Hauptstadtzeitung heißt *Kieler Nachrichten*. Daneben existiert noch eine Reihe k einerer Lokalzeitungen. Die Lübecker Zeitungslandschaft wird dagegen vom Springer Verlag regiert, die *Lübecker Nachrichten* sind fest in Hamburger Hand. Auch das Umland mit seinen kleineren Regionalzeitungen wird von Springer beherrscht. Es gibt also ein journalistisches Nord-Süd-Gefälle. In der Qualität unterscheiden sich die Zeitungskonkurrenten allerdings nicht wesentlich.

Eine Besonderheit sind die Lokalausgaben auf den Nordseeinseln. Dort stehen die lokalen Ereignisse im Vordergrund der Berichterstattung, und manche Zeile wird mit einem Bericht über die Eröffnung eines neuen Geräteschuppens der örtlichen Feuerwehr gefüllt. Ausführlich widmet man sich auch dem Sport, die große Politik zählt weniger.

Lust auf einen Ausflug? Mini-Kreuzfahrten auf der Ostsee werden in fast jedem Hafen angeboten – es gibt aber auch reguläre Fährverbindungen nach Dänemark, Schweden, Norwegen, Finnland und ins Baltikum.

13 000 v. Chr.
Die ersten altsteinzeitlichen Rentier-
jäger gehen nördlich der Elbe auf die
Jagd und hinterlassen dabei Spuren.
Einige Jahrtausende später entstehen die ersten Hünengräber, von denen sich immer noch einige hundert
im Land erhalten haben.

100 n. Chr.
Der römische Geschichtsschreiber
Tacitus macht sich Notizen über einige seltsame Volksstämme nördlich
der Elbe und lässt sich dabei über
ihre doch sehr primitiven Lebensge-
wohnheiten aus.

450
Angeln, Sachsen und Jüten begeben
sich auf ihre große Fahrt nach Eng-
land und nehmen die Insel in Besitz.
Slawen aus dem osteuropäischen
Raum rücken nach.

800
Der Grenzwall Limes Saxoniae soll
Sachsen und Slawen trennen.
Er verläuft von der Kieler Förde bis
nach Lauenburg.

808
Der dänische König Göttrik gründet
Haithabu und lässt südlich von
Schleswig das Danewerk errichten,
eine Grenzbefestigung aus Erdwäl-
len, Gräben, Palisaden, Feldstein-
bzw. Ziegelsteinmauern, die sein
Reich gegen die Franken Karls des
Großen sichern soll.

830
Der Mönch Ansgar beginnt seine Mis-
sionierung der Heiden im Norden.

1030
Kaiser Konrad II. verzichtet auf die
Hoheitsrechte in dem Gebiet zwischen Eider und Schlei. Die Eider
wird damit zur Nordgrenze des
Heiligen Römischen Reiches Deutscher Nation.

1066
Der Wikingerhandelsplatz Haithabu
an der Schlei wird durch Slawen zerstört und muss aufgegeben werden.

1111
Graf Adolf I. von Schauenburg wird
Lehnsherr von Holstein und Storman.

1158
Heinrich der Löwe gründet Lübeck.

1227
In der Schlacht bei Bornhöved erlebt
das dänische Königreich eine ver-
nichtende Niederlage. Das dänische
Imperium an der Ostsee bricht zusammen.

1386
Schleswig und Holstein sind unter
der Herrschaft der Schauenburger
Grafen zum ersten Mal vereint.

1470
Der dänische König Christian I. wird
zum Landesherrn über Schleswig
und Holstein gewählt. In dem Vertrag
von Ripen, dem damaligen Ribe in
Dänemark, garantiert der König die
Untrennbarkeit der beiden Länderei-
en, »up ewig ungedelt«.

1474
Kaiser Friedrich III. macht Holstein
zum Herzogtum.

1518
Die Hanse schließt Kiel aus ihren Rei-
hen aus, weil die Stadt zu eng mit
dem Fürstenhaus verbunden war.

1660
Nach den Schwedenkriegen wird
Gottorf vom dänischen König für sou-
verän erklärt.

1665
Herzog Christian Albrecht gründet in
Kiel die erste Universität des Landes,
die später seinen Namen tragen wird.

1762
Der Herzog von Gottorf kommt als Zar Peter III. auf den russischen Thron. Damit fallen Schleswig und Teile von Holstein an das russische Reich. Nach dem Tod des Zaren gibt Russland seine Ansprüche auf die Herzogtümer auf.

1815
Holstein und Lauenburg treten auf dem Wiener Kongress dem Deutschen Bund bei.

1848
In den Herzogtümern erheben sich republikanisch gesinnte Schleswig-Holsteiner gegen die dänische Zentralmacht, die die Herzogtümer endgültig in den dänischen Gesamtstaat einverleiben will.

1850
In der Schlacht bei Idstedt werden die Aufständischen von den dänischen Regierungstruppen vernichtend geschlagen.

1864
In der Schlacht von Düppel entscheidet sich das Schicksal der Herzogtümer. Die vereinigten Preußen und Österreicher überrennen die dänischen Stellungen. Im Friedensvertrag musste Dänemark den »Verlust« Schleswig-Holsteins besiegeln.

1867
Schleswig-Holstein wird zur preußischen Provinz, nachdem die Preußen aus dem Krieg mit Österreich als Sieger hervorgegangen sind. Verwaltungshauptstadt wird Schleswig.

1882
Die Segelturns des Kaisers auf der Kieler Förde inspirieren die Stadtväter dazu, die »Kieler Woche« einzuführen. An den Regatten heute nehmen mehr als 4000 Segler aus über 30 Ländern teil.

1895
Der Kaiser-Wilhelm-Kanal – heute Nord-Ostsee-Kanal – wird eröffnet.

1920
Nach dem verlorenen Ersten Weltkrieg wird eine Volksabstimmung unter internationaler Kontrolle befohlen, in der sich die Bewohner Schleswigs entscheiden müssen, ob sie wieder dänisch werden oder deutsch bleiben wollen. Der nördliche Landesteil entscheidet sich für Dänemark.

1946
Schleswig-Holstein wird Bundesland, Kiel die Landeshauptstadt.

1955
In der so genannten Bonn-Kopenhagener Erklärung sichern sich Deutschland und Dänemark gegenseitig den Schutz der jeweiligen Minderheiten zu.

1972
In Kiel finden die Segelregatten der Olympischen Spiele statt.

1982
Uwe Barschel wird zum Ministerpräsidenten gewählt.

1987
Nach seiner Ehrenworterklärung nimmt sich Uwe Barschel in der Schweiz das Leben.

1993
Björn Engholm, sozialdemokratischer Ministerpräsident, stolpert politisch über die Barschel-Affäre und muss zurücktreten. Seine Nachfolgerin wird Heide Simonis.

2000
Das Land wird seit 1996 von einer rot-grünen Koalition regiert. Heide Simonis bleibt Ministerpräsidentin in Schleswig-Holstein.

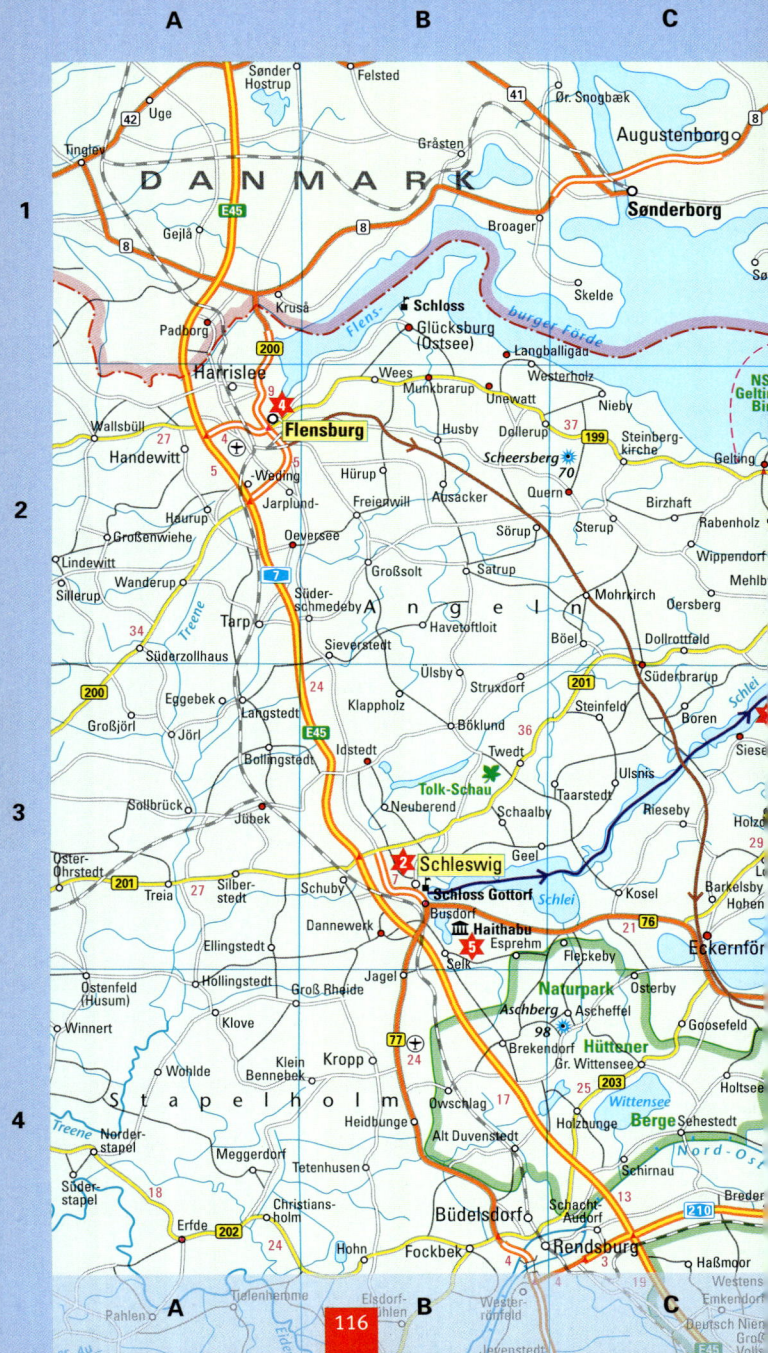

D   **E**   **F**

Drejø

Birkholm

0   9 km

N

Over dstet

Mommark

Søby

Strynø

1

Als

Skovby

Bregninge

Ærøskøbing

Bager

Ærø   Olde

Marstal

Langeland

B a l t i c   S e a

2

Hasselberg

Maasholm

Kappeln

Bager

Karby

nnemark

Oslo, Göteborg

Damp 2000

Damp

3

03

Vaabs

K i e l e r   B u c h t

Eckernförder Bucht

Dänisch Nienhof

Krusendorf

Sprenge

Noer

Strande

Heidkate

119

udorf- rnstein

Dänischen- hagen

Schilk- see

Schönberger- strand

76

Osdorf

503

Marine- Ehrenmal

Gettorf

16

Friedrichsort

Laboe

502

Barsbek

Schönberg (Holstein)

Höhenfelde

vensdorf

Altenholz

16

Museums-U-Boot

Todendorf

Neuwittenbek

Heikendorf

P r o b s t e i

4

inkel

Schönberger

23

Probsteierhagen

Köhn

Behrensdorf

Kronshagen

Mönkeberg

Stoltenberg

Pülsen

Giekau

Schloss Panker

Quarnbek

6

KIEL

Schönkirchen

Dobersdorf

Selenter See

Lütjenburg

Achterwehr

nal

4

Klausdorf

13

Rastorfe- Passau

Selent

22

Klamp

Bleke

estensee

10

Freilichtmuseum

Raisdorf

430

Hohw

D   Molfsee

119

E

117

© MERIAN-Kartographie

Tel. 089.450007.272

aturpark

6

Flintbek

Preetz

H o l s t e i n i s c

Høgsdorf

215

404

Klaipėda

F e h m a r n b e l t

B a l t i c   S e a

Karte siehe
Seite 83

Westermarkelsdorf

Niobe-
Denkmal

Seevogel-
schutzgebiet

Petersdorf

Fehmarn

Puttgarden

Lemkendorf

Bannesdorf
a. Fehmarn

Wasservogel-
Reservat

Windmühlenmuseum

207

E47

Flügge

Orth

Lemken-
hafen

Landkirchen
a. Fehmarn

Burg

3

Avendorf

Hinrichs-B.

26

Staberhof

Glambeck

Fehmarnsund-
brücke

Ferienpark

Heiligenhafen

Großenbrode

Kembs

207

Hohwachter
Bucht

13

Gremersdorf

Neukirchen

Hohwacht

Weißenhaus

Oldenburg
in Holstein

Heringsdorf

Ehlersdorf

202

20

Farve

Göhl

501

Augustenhof

Blekendorf

Wangels

Grammdorf

Nessen-
dorf

dorf

Hansühn

Johannisdorf

Gaarz

Schloss
Kletkamp

Harmsdorf

Mönchneversdorf

Riepsdorf

Grube

Dahme

Bungsberg

10

168

Lensahn

Rüting

e

h

e

Kirchnüchel

Halendorf

Beschendorf

1

19

Cismar

Kellenhusen
(Ostsee)

Schönwalde

Kasseedorf

Bentfeld

Trelleborg, Malmö, Helsinki, Turku, Riga

Zarnekau

Altenkrempe

41

Grömitz

J
i
z

14

14

Neustadt in Holstein

76

Süsel

Hansa-Park

Lübecker

Sierksdorf

Haffkrug

Bucht

Scharbeutz

Ostseebad
Boltenhagen

14

Timmendorfer
Strand

8

swochel

14

Niendorf

76

Brodtener
Steilufer

Travemünde

Kalkhorst

Klütz

E47

Hemmels-
dorfer
See

N

Ratekau

8

Bad
wartau

Offendorf

75

Gramkow

0   9 km

223

121

119

Holstentor

75

10

23

Selmsdorf

Dassow

Grevesmühlen

© MERIAN-Kartographie
Tel.089.450007.272

Zeichenerklärung

○	Orte
▲	Gebirge
∞	Landschaft
~	Gewässer, Strand
★	Sehenswürdigkeit
☆	Nationalpark
✈	Flughafen

Hier finden Sie alphabetisch aufgeführt alle in diesem Band beschriebenen Orte und Ziele, Routen und Touren. Bei einzelnen Sehenswürdigkeiten steht jeweils der dazugehörige Ort in Klammern, bei Hotels steht zusätzlich die Abkürzung H für Hotel. Außerdem enthält das Register wichtige Stichworte sowie alle MERIAN-Tipps und Extras dieses Reiseführers. Wird ein Begriff mehrfach aufgeführt, verweist die **fett** gedruckte Zahl auf die Hauptnennung im Band.

MERIAN
Die Lust am Reisen.

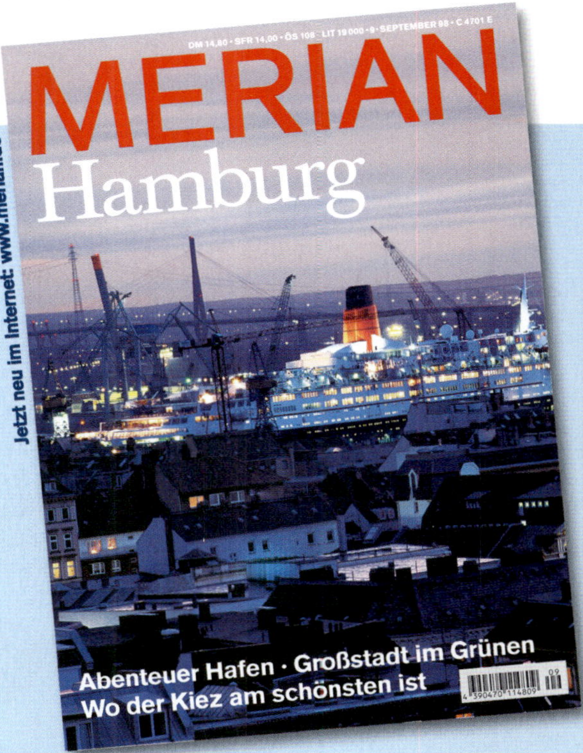

IMPRESSUM

Liebe Leserinnen und Leser,

wir freuen uns, Ihre Meinung zu diesem Reiseführer zu erfahren. Bitte schreiben Sie uns, wenn Sie Berichtigungen und Ergänzungsvorschläge haben oder wenn Ihnen etwas besonders gut gefällt:

Gräfe und Unzer Verlag, Reiseredaktion, Postfach 86 03 66, 81630 München
E-Mail: merian-live@graefe-und-unzer.de

Alle Angaben in diesem Reiseführer sind gewissenhaft geprüft. Preise, Öffnungszeiten usw. können sich aber schnell ändern. Für eventuelle Fehler übernimmt der Verlag keine Haftung.

Lektorat: Karin Szpott
Kartenredaktion:
Reinhard Piontkowski

Bei Interesse an Karten aus MERIAN-Reiseführern schreiben Sie bitte an: iPublish GmbH, geomatics, Berg-am-Laim-Straße 47, 81673 München E-Mail: geomatics@ipublish.de

Gestaltung: Ludwig Kaiser
Karten: MERIAN-Kartographie
Produktion: Maike Harmeier
Satz: Design-Typo-Print GmbH
Druck und Bindung: Stürtz AG, Würzburg
ISBN 3–7742–6054–0

Fotos: G. Amberg 75o; K. de Cluveland 41, 51m, 61o; F. Dressler 99; R. Freyer 64, 66, 69m, u, 103; O. Heinze 4/5, 9m, u, 12/13, 16/17, 19, 20/21, 29m, u, 32, 39o, m, 43, 46, 51o, 58, 69o, 75m, u, 77, 85, 88/89, 90/91, 108; J. Jepsen 39u, 45o, 92/93, 113; Silvestris 2, 29o, 45u, 61m, u, 79, 86/87, 104/105; H. Sobik 45m; P. Spierenburg 9o, 51u, 82;

Auflage	5.	4.	3.	2.	1.
Jahr	2005	04	03	02	01

Gedruckt auf Primaset (Stora Enso) von Papier Union